DE DIJON

A RAVENNE

PAR LE SIMPLON

(Août-Septembre 1906)

par le Vicomte A. d'AVOUT

ANCIEN MAGISTRAT,
MEMBRE DE L'ACADÉMIE DES SCIENCES,
ARTS ET BELLES LETTRES DE DIJON,
DE LA COMMISSION DES ANTIQUITÉS DE LA COTE-D'OR,
INSPECTEUR DIVISIONNAIRE DE LA SOCIÉTÉ FRANÇAISE D'ARCHÉOLOGIE

DOMOIS-DIJON

IMPRIMERIE DE L'UNION TYPOGRAPHIQUE

DE DIJON

A RAVENNE

PAR LE SIMPLON

(Août-Septembre 1906)

---

par le Vicomte A. d'AVOUT

ANCIEN MAGISTRAT,
MEMBRE DE L'ACADÉMIE DES SCIENCES,
ARTS ET BELLES LETTRES DE DIJON,
DE LA COMMISSION DES ANTIQUITÉS DE LA COTE-D'OR,
INSPECTEUR DIVISIONNAIRE DE LA SOCIÉTÉ FRANÇAISE D'ARCHÉOLOGIE.

DOMOIS-DIJON

IMPRIMERIE DE L'UNION TYPOGRAPHIQUE

DE DIJON A RAVENNE

PAR LE SIMPLON

(Août-Septembre 1906.)

~~~~~~~~

Peut-être ce titre appelle-t-il une explication ; je la
fournirai de bonne grâce au lecteur. A une date an-
térieure, déjà presque lointaine (1898), j'accom-
plissais en Italie le voyage traditionnel et classique ;
par-delà Rome et Naples, je me voyais entrainé jusqu'à Salerne, jusqu'aux solitudes malsaines où
dorment d'un éternel repos les temples de Pœstum ;
mais, enserré dans les mailles étroites d'un *Circulaire*,
je n'avais pu y faire entrer la byzantine Ravenne.
Cette lacune demeurait pour moi à l'état de regret
cuisant ; je me promettais de la combler, si les des-
tins le permettaient. Or, voilà que l'Exposition de
Milan sollicite l'Europe entière d'accourir en Lombardie ; une villégiature accomplie chaque année chez
un ami dans le Valais m'en rapproche singulièrement,
et le percement récent du Simplon supprime les
distances, tout en accroissant l'intérêt. Cet ensemble
de faits me détermine : à mon âge d'ailleurs, il
n'est pas prudent de remettre au lendemain ; donc,
en route pour Ravenne.

La route m'est bien connue, je ne fatiguerai point
ma plume à la retracer, ni mon lecteur à en lire la
description. Le Jura franchi, j'entrevois au passage
la superbe cathédrale de Lausanne, du xiiie siècle,

bien morne, bien déserte au sommet de la cité ; ceci soit dit sans vouloir faire tort au protestantisme, ni sans afficher aucune tendance d'exclusivisme religieux ; mais la confession réformée s'entend mal à animer les temples. Le train glisse le long du beau lac ; salut à ces stations fortunées, Vevey, Clarens, Montreux, où régulièrement se passe le meilleur de mes vacances. Voici le Valais, une région qui m'est particulièrement familière (*Promenades valaisanes*, T. XIX *des Mémoires de la Société bourguignonne de Géographie et d'Histoire*, 1903) ; et le train remonte à toute vapeur la vallée merveilleuse, tandis que le Rhône impétueux fuit en sens inverse. Arrêt de quelques jours aux Mayens de Sion, à 1300 mètres d'altitude, soit 800 mètres au-dessus de la vallée maîtresse, site décrit dans la précédente étude ; puis la locomotive haletante m'entraîne jusqu'à Brieg. Ici nous abordons le tunnel.

Son histoire n'est pas de longue durée. Les études faites pour le percement de ses devanciers, Cenis, Gothard, Arlberg, facilitaient le travail, et indiquaient les écueils à éviter ; le tunnel du Mont Cenis, premier percé et terminé en 1870, nécessita un labeur d'onze années pour une longueur de 12.849 mètres ; celui du Gothard, terminé en 1880, ne demanda que huit années pour 14.984 mètres ; celui de l'Arlberg exigea beaucoup moins encore, trois ans de 1880 à 1883, pour la longueur, bien moindre il est vrai, de 10.248 mètres. Celui du Simplon enfin, commencé le 6 août 1898, était virtuellement achevé le 25 février 1905, soit en six ans et demi. Divers accidents en retardèrent l'ouverture officielle ; il ne fut livré définivement au public que le 1er Juin 1906, soit un délai total de près de huit années ; mais il convient de tenir compte de la longueur, fort supérieure à celle de tous les tunnels précédents, car elle s'élève à 19.731 mètres. Combien nous sommes loin du tunnel de la Nerthe près Marseille, de 4.800 mètres, longtemps regardé comme un prodige !

Quelques détails techniques pourront intéresser le lecteur. Les appellations usuelles en sont pas toujours rigoureusement géographiques : le terme de *Simplon* désigne, non point un sommet particulier, mais un massif, une région de montagne ; en réalité, c'est dans les flancs du Monte Leone qu'a été percé le tunnel ; de même celui du Mont Cenis a été foré sous le Col du Fréjus. L'altitude de Brieg, point de départ sur le versant suisse, n'est pas considérable, 680 m. ; celle d'Iselle, débouché sur le versant italien, est un peu inférieure, 663 m. ; le tunnel lui-même se maintient dans toute sa longueur à un niveau assez bas : le point culminant, à l'intérieur, n'est qu'à 705 m. (1). Les cotes d'élévation sont beaucoup plus considérables pour le Gothard, 1154 m. au point culminant du tunnel, pour le Cenis 1294 m., pour l'Arlberg 1310 m. ; mais il convient de remarquer que pour ces

---

(1) Le tunnel du Simplon rentre dans la catégorie des tunnels de *base*, soit un tunnel percé bas, afin d'éviter les rampes d'accès trop longues ou trop fortes ; en principe, les rampes y ont une inclinaison *maxima* de 15 p. 1.000, les courbes un rayon *minimum* de 300 m. On considérait alors (1899) ces conditions comme nécessaires pour toute ligne de *grand trafic* ; mais l'expérience du percement du Simplon a démontré que ce mode est très dispendieux, et que l'extrême longueur de ces tunnels *bas* ménage bien des déboires. On en est donc revenu au système des tracés *hauts*, moins coûteux et d'exécution plus rapide ; on a reconnu, pour l'avoir expérimenté au Gothard et même sur une section de la voie du Simplon, qu'une pente de 25 p. 1.000 est absolument praticable ; de plus, on est d'avis que la traction électrique doit désormais être généralisée. Ces principes seront appliqués au percement prochain du Lœtschberg, dont la pente maxima sera de 27,5 p. 1.000, avec tunnel de 13 kilom. 1/2 seulement de longueur, et l'on compte que la dépense totale ne dépassera pas 72 millions de francs (Voir Paul Girardin, *le percement des Alpes bernoises*, dans *la Géographie*, 1906, 15 Mars).

trois tunnels, les points de départ et d'arrivée se trouvent aussi notablement plus élevés. — Il a été percé
deux galeries absolument parallèles, se côtoyant l'une
l'autre dans toute leur longueur ; l'une d'elles seule
a été aménagée pour la pose de la voie ferrée, et sert
actuellement à l'exploitation ; l'autre a rendu de notables services pour l'aération et pour l'épuisement
des chutes d'eau ; elle pourra d'ailleurs, le cas est
prévu, recevoir les dimensions normales et les amé-
nagements nécessaires, si le développement du trafic
rend utile l'établissement d'une seconde voie. Une
crémaillère a été posée, mais il ne m'a point paru
qu'on s'en servit d'une façon continue.

La difficulté des travaux a été grande, bien qu'at-
ténuée par l'expérience des percements antérieurs. La
rencontre de roches vives, le dégagement de gaz délétères, les irruptions subites de torrents d'eau
chaude à la température de 46°, en ont été les incidents
les plus notables. Deux ingénieurs y ont perdu la vie ;
des santés se sont trouvées altérées par l'extrème
chaleur, le défaut de ventilation, et, d'une manière
générale, par ce qu'on pourrait appeler le *mal des
tunnels*. En raison de l'altitude relativement basse à
laquelle était pratiqué le forage, et de la masse ter-
restre d'autant plus considérable qui surplombait,
la chaleur devait être redoutable : elle le fut en effet,
et s'éleva jusqu'à 55° ; on s'attendait à ce qu'elle aug-
mentât encore, à mesure qu'on s'enfoncerait dans
l'intérieur de la montagne, mais il n'en fut rien, et,
fait bizarre, non encore expliqué, la règle d'accroisse-
ment proportionnel dans le degré de chaleur ne se
trouva pas vérifiée. Plus grave fut l'obstacle apporté
par la présence des gaz délétères, acide carbonique,
oxyde de carbone, et encore gaz des marais, soit que

ceux-ci existassent naturellement dans l'intérieur de
la montagne, soit qu'ils fussent développés par la nature même des travaux ; cet inconvénient s'accroî-
tra encore à l'usage, lorsque le passage constant des
trains aura rempli le tunnel d'une fumée abondante
en oxyde de carbone. Divers remèdes déjà connus,
soit l'installation de puissants ventilateurs, soit l'ap-
port de cylindres renfermant de l'oxygène comprimé,
furent pratiqués et le seront encore sans doute avec
succès ; le percement de la seconde voie, à ce point
de vue, fut d'un grand secours. — N'importe ; malgré
tous ces obstacles, l'opération fut achevée dans le
délai fixé ; les équipes de travailleurs se rencontrèrent
avec une précision d'axe absolument mathématique ;
les maîtres de l'œuvre, ingénieurs suisses et italiens
qui s'y sont consacrés, peuvent être fiers de leur
succès. La dépense totale fut de 80 millions.

Toutes ces difficultés n'apparaissent point au
voyageur qui, en vingt minutes, a franchi le tunnel ;
il a souffert de la chaleur, il a trouvé un peu lente la
vitesse qui cependant donnait le chiffre respectable
de soixante kilomètres à l'heure ; mais en somme il
a vu peu de chose, si ce n'est une obscurité compacte,
et il renaît avec plaisir à la pleine lumière. — Et
maintenant, le tunnel franchi, l'économie sociale
réclame un instant la parole, et demande à envisager
l'œuvre à un point de vue pratique. La question a
déjà été, sinon résolue, du moins traitée par un de
nos compatriotes, Monsieur Jean Brunhes, professeur
à l'Université de Fribourg, dans son article *les Relations actuelles entre France et Suisse, et la question
des voies d'accès au Simplon, Revue économique
internationale*, février 1906 ; elle est fort complexe,
et nous ne pouvons que la rappeler en quelques mots.

Le trafic par la voie du Simplon, forcément assez restreint, ne profitera que partiellement à la France ; le tunnel est venu trop tard ; le percement du Gothard a détourné au profit de la Suisse centrale la majeure partie du transit allemand ; le tunnel du Lœtschberg aboutissant au Simplon, déjà approuvé dans ses plans, et dont la réalisation sera entreprise au premier jour, drainera l'Allemagne occidentale et la région Rhénane sans avantage pour notre pays ; l'Est même de la France aura tendance à suivre cette voie ; notre Midi aboutit naturellement au Mont Cenis ou à la corniche méditerranéenne ; par suite, il semble que le Simplon ne puisse profiter qu'à la partie septentrionale et centrale de notre patrie, ce qui est déjà quelque chose, puisqu'il établit incontestablement le reliement le plus rapide entre Paris cœur de la France, et Milan (1). Mais encore ce reliement ne peut-il être effectif et profitable, que moyennant certaines améliorations de détail qui abrègeront la durée du trajet ; or, sur le fait de ces améliorations, la question est posée, discutée, et point encore résolue : supprimera-t-on le coude de Frasne-Vallorbe au moyen d'un raccord qui éviterait le circuit par Pontarlier ? prolongera-t-on jusqu'à Genève l'embranchement Dijon-Saint-Amour, ou quelque autre embranchement parallèle, moyennant le percement de la Faucille ? Le premier de ces tracés est plus court que le second de 40 kilomètres, et ne coûterait que 21 millions de francs, tandis que le second entraînerait une dépense de 115 millions. Il semble que le doute ne soit point permis ; néan-

(1) Distance de Paris à Milan, par le Mont Cenis : 994 kilom. ; par le Gothard, 897 kilom. ; par le Simplon, 850 kilom. L'Angleterre, dont le commerce avec la France aboutit en majeure partie à Paris profitera tout naturellement de cette voie.

moins on hésite, on tâtonne : la question est à peine à l'ordre du jour de nos assemblées législatives, et, pendant ce temps, le trafic commercial, fatigué d'attendre, prend l'habitude de suivre d'autres voies..... Il n'est que temps d'aviser.

De l'autre côté du tunnel, à Iselle, apparaît un soleil resplendissant, le beau soleil d'Italie, un ciel sans nuages, et, au bout de quelques tours de roues, dès qu'on est dégagé de l'abrupte muraille de rochers enserrant la voie, surgit la pleine et luxuriante végétation du Midi. Phénomène bien connu, que nous avons déjà observé dans nos précédents voyages, soit qu'à Bardonnèche nous débouchions du tunnel du Mont Cenis, soit qu'à Airolo nous sortions des profondeurs du Gothard, ou que nous descendions dans le Val d'Aoste après avoir contourné le Mont Blanc, l'influence italienne se fait immédiatement sentir : les pentes sont plus abruptes que sur le versant septentrional ; par suite, les cultures méridionales, maïs, châtaigniers, figuiers, mûriers, touchent presque le bas des monts, et bientôt, à Varzo, apparaît la vigne, rampant le long de hautes perches, et se ramifiant en forme de berceau à l'aide de perches transversales. — A Domo d'Ossola, changement de wagons ; le nouveau train est pris d'assaut, la foule se rue à l'Exposition de Milan, et à grand'peine viens-je échouer dans le couloir, sur l'étroit strapontin où trône habituellement le contrôleur de billets ; encore le céderai-je bientôt galamment à une pauvre jeune fille arrivant de Paris, et se rendant à Venise sans désemparer. Joignez à ce brouhaha une chaleur intense, toutes mauvaises conditions pour apprécier le paysage. Donc, au juger seulement nous effleurons le Lac Majeur, nous entrevoyons les Iles Borromées ;

dans quelques jours heureusement il me sera loisible d'y séjourner. En gare de Milan, le voyageur pourrait se croire sauvé. Mais la grande ville regorge de nouveau-venus, les hôtels n'ont plus une chambre à offrir ; maint touriste se réfugie à Monza, voire même à Arona, à Varèse ou à Côme. On n'a donc garde de se montrer difficile, et l'on accepte le gîte, quelque défectueux qu'il soit ; avec bonne humeur, le touriste s'en tire toujours : je l'expérimentais en Espagne il y a deux mois, et, cette fois encore, mon raisonnement se trouve justifié.

Venant à Milan au cours d'une Exposition qualifiée d'*universelle*, je ne puis me dispenser d'y faire tout au moins une apparition. Ce n'est pas qu'elle soit très facilement abordable ; elle est reléguée là bas, à l'extrémité nord-ouest de la ville ; encore est-elle divisée en deux parties bien distinctes, distantes l'une de l'autre d'un kilomètre et demi : l'une, installée sur la Place d'Armes, est réservée aux attractions artistisques et mondaines ; l'autre, par-delà l'Arc du Simplon, est plus spécialement scientifique et industrielle. J'avoue avec quelque honte, mais peut-être ne serai je point très sévèrement blâmé, n'avoir tenu compte que de la première partie. — Elle est tout particulièrement gracieuse et attrayante, aménagée en forme de parc sous les ombrages duquel se sont groupés les divers pavillons ; les Arts occupent la place d'honneur, soit sous la forme de Beaux-Arts purs, peinture et sculpture, soit sous la rubrique d'Arts décoratifs. On ne saurait méconnaître le génie artistique italien, quelque peu imitatif, mais avec quelle grâce, quelle ingéniosité ! En peinture, la France donne encore le ton à ses sœurs latines :

c'est à Paris que de Nittis, Fortuny, Madrazo ont
reçu la consécration de leur renommée ; mais, en
sculpture, l'Italie a ses traditions propres. Elle sait
réaliser de belles œuvres, un peu maniérées sans
doute, un peu trop fouillées, se perdant parfois dans
le détail : on n'a pas oublié le *Napoléon mourant*
de Vela, à notre Exposition universelle de 1867 : la
minutie extrême avec laquelle étaient drapées, cise-
lées en quelque sorte, les étoffes, émerveillait le gros
public, et attirait à l'artiste un succès bruyant ; mais
l'œuvre valait mieux que cela, et chez les esprits
sérieux, l'expression morale de la physionomie, la
pose et la signification de l'ensemble emportaient
tous les suffrages. Ces mêmes qualités, je les retrouverai quelques jours plus tard sur le Lac Majeur, dans
une autre œuvre de Vela : actuellement encore, la
même tradition se continue dans la sculpture italienne
avec mêmes tendances de détail, mais aussi avec
mêmes envolées, même *maestria* dans le maniement
du ciseau. — L'industrie des transports considérés au
point de vue rétrospectif, nous ménage également sur
le terrain artistique, avec les chaises à porteurs
laquées, les carrosses délicatement ornementés, d'a-
gréables surprises. Le Percement du Simplon, un
Voyage en bateau dans l'Extrême Nord nous reportent
à une époque plus rapprochée de nous, sur un terrain
d'étude plus réaliste, plus utilitaire, mais dont le
mérite ne saurait être nié. Cette alliance de poésie
et de réalité me suffit pour le moment, et je n'affronte
point le déplacement lointain en la région plus
spécialement industrielle de l'Exposition : la chica-
nerons-nous d'ailleurs sur son titre quelque peu ambi-
tieux, mais insuffisamment justifié d'*Universelle*?.....
Ecartons cette pensée fâcheuse, et convenons que,

mieux que la séance de *question* jadis préconisée par Dandin, l'Exposition milanaise fait agréablement *passer une heure ou deux.*

Milan est une belle, grande et noble cité, n'ayant aucun besoin d'une Exposition, universelle ou non, pour attirer les visiteurs. Elle est, presque à l'égal de Turin, imprégnée d'esprit français, et le percement du Simplon ne peut qu'accroître cette influence. De-fait, pendant les quelques jours que je passai à Milan, la langue française est, en dehors de la langue italienne s'entend, celle qui résonna le plus souvent à mes oreilles ; l'influence allemande constatée à un précédent voyage, et facilitée par le Gothard, serait plutôt en décroissance ; un Français ne peut que s'en réjouir. La population, avec les faubourgs, dépasse actuellement 400.000 habitants : l'aspect général est élégant et prospère : la cité a été suffisamment rajeunie par le percement de larges artères qui satisfait aux exigences de l'édilité moderne, mais rien d'essentiel n'a été sacrifié ; tout ce qui contribue à la richesse artistique, archéologique, intellectuelle, s'est trouvé respecté ; et dans maint quartier encore, dans mainte ruelle, le touriste en quête d'attractions locales et pittoresques peut errer, avec la certitude de trouver aliment à sa curiosité. — Le centre de l'animation urbaine se maintient à la place du Dôme, où débouchent les principales rues, où aboutissent comme en un nœud vital les nombreuses et bruyantes lignes de tramways : la superbe galerie Victor-Emmanuel la relie à la Scala, qui dispute à San-Carlo de Naples la gloire d'être le plus beau théâtre d'Italie ; au-delà, la belle et large rue Alessandro Manzoni s'élève au nord jusque vers la gare centrale. Ainsi est constitué le Milan élégant et mondain, celui où le flâneur

aime à promener nonchalamment ses pas ; au cours de
mon séjour en la noble cité, j'usai de cette déambu-
lation reposante, mais à titre de digression seulement,
et aux rares instants de liberté que me laissait la visite des musées et églises.

Deux fois déjà j'étais venu à Milan, à la date bien
lointaine de 1861, à celle plus rapprochée de 1898 ;
c'est dire que les attractions milanaises m'étaient
assez connues, pour que je pusse cette fois concen-
trer mon attention sur les plus remarquables d'entre
elles et les mieux choisies : quelques églises, un
musée, un palais, et ce sera tout. — En première
ligne, cet honneur lui est dû, le Dôme venant par son
ampleur au troisième rang des cathédrales d'Europe,
après Saint-Pierre de Rome et la cathédrale de Séville. Les Milanais en sont justement fiers : par la
profusion de ses statues, de ses aiguilles et pinacles,
de ses tourelles et clochetons s'enlevant vers le ciel,
le superbe édifice gothique éveille l'idée d'une châsse
délicatement ornementée : la svelte flèche qui surmonte la coupole atteint 108 m. de hauteur ; peut-
être lui souhaiterait-on une élévation supérieure, de
même qu'on voudrait voir le merveilleux édifice se
dresser au sommet d'un emmarchement considérable, au lieu des quelques degrés de parvis qui l'élèvent
à peine au-dessus du niveau extérieur. On dirait d'un
coffret précieux délicatement posé sur le sol, et l'immensité même de la place qui s'ouvre devant lui ac-
croît encore cette impression d'insuffisance en hauteur. Mais c'est là mince querelle, dira-t-on, et elle
n'enlève que peu de chose à la valeur artistique du
monument.

A l'intérieur, les cinq nefs se développent sur une
longueur de 135 m., une largeur de 57, une hauteur de

48. Puisque nous comparons l'édifice à la cathédrale de Séville, disons que cette dernière a 145 m. de longueur (en y comprenant la *Capilla real*), 76 de largeur et 40 d'élévation ; la dimension totale est supérieure pour Séville, et cette dernière le doit à sa prodigieuse largeur ; et cependant cette largeur frappe moins à Séville qu'à Milan, malgré la différence de 20 m. environ, en raison du fâcheux *coro* dont toutes les cathédrales d'Espagne sont affligées en leur milieu, disposition qui rompt la perspective, et ne permet point de se rendre exactement compte des dimensions. Rien de semblable au Dôme de Milan : l'œil se promène sans obstacle à travers la forêt des 52 piliers, robustes et sveltes, qui s'enlèvent d'un élan superbe vers la voûte ; il mesure et apprécie les dimensions, et cette largeur lui paraît énorme, elle lui produit une impression d'immensité qu'il ne ressent point à l'examen de la longueur. Telle fut du moins ma sensation du moment : je la note en touriste consciencieux et fidèle, et elle se reproduisit chaque fois, à mes nombreuses et fréquentes visites, alors qu'opprimé par la chaleur accablante de la journée, je venais chercher sous les voûtes de la cathédrale fraîcheur et repos.

A vrai dire, la piété ne semble point, à première vue, tenir ses assises dans cette immense nef ; c'est plutôt un promenoir suffisamment recueilli. Et cependant je ne voudrais pas médire de la piété italienne : en mainte église, au cours de mon voyage actuel, j'ai rencontré des femmes de toutes les classes de la société, et même des hommes en nombre relativement considérable, enfoncés dans de très sérieuses méditations et prières au seuil de quelque chapelle ; je me suis senti édifié, en notre siècle de fâcheuse incrédu-

lité. Mais enfin le Dôme de Milan n'est point absolument propre à la prière ; il n'offre pas non plus, en
dehors de son ensemble architectural majestueux et
imposant, de jouissances artistiques particulièrement
remarquables : peu de tableaux de valeur dans les
chapelles, de nombreux monuments funèbres et statues de prélats milanais, la statue de saint Barthélemy
écorché, par Marco Agrate, avec l'inscription préten-
tieuse :

Non me Praxiteles, sed Marcus fecit Agrates.

Trois belles verrières contemporaines aux énormes
fenêtres du chœur, et, sous la coupole, la Chapelle
souterraine de saint Charles Borromée, avec profusion de dorures et de pierres précieuses entourant le
tombeau du saint (1).

Jadis, à deux reprises différentes, je fis l'ascension
du toit et de la tour de l'édifice ; 194 marches d'abord
à l'intérieur, par un escalier facile dont chaque palier
est agrémenté d'inscriptions variées, prohibant tout
acte contraire à la propreté et à la décence ; puis au
sommet, sur la toiture du vaisseau, le long des dalles
de marbre inclinées et glissantes, un cheminement
pénible, scabreux, au milieu du dédale des deux mille
statues, — je n'ai point vérifié le chiffre, — dont celle
de Napoléon, jusqu'à atteindre la base de la maîtresse
tour ; pour finir, une ascension nouvelle de 300 marches, dont moitié à l'intérieur de la tour et moitié au
dehors, par un escalier en spirale ; le tout pour contempler le panorama de la plaine de Lombardie et de
la chaine des Alpes à l'horizon, spectacle fort beau

(1) On a installé depuis ma visite, à l'entrée principale de la cathédrale, une superbe porte de bronze à compartiments ciselés, dont
j'ai vu le dessin, et cet examen me fait regretter de n'avoir pu contempler l'original en temps utile.

sans doute, lorsqu'il est favorisé par la clarté de l'atmosphère ; mais le spectacle est problématique, la
chaleur est suffocante, je me rappelle en avoir amplement souffert il y a huit ans, sur ces dalles de marbre chauffées à blanc, et pour cette fois, je néglige
l'ascension, me contentant d'en évoquer le souvenir.

La vieille église *San-Ambrogio* est reléguée, au sud-
ouest de la ville, en un quartier excentrique, aux
grands espaces vides, que des casernes, des hôpitaux,
des usines ne parviennent point à animer. Elle est
classique en archéologie. A mon voyage de 1898, je lui
consacrais une visite ; j'y retourne cette fois avec em-
pressement. Les années n'ont point pesé sur le monument, et n'en ont point modifié la physionomie ;
elles ont, par contre, pesé sur le visiteur, mais ont,
dans une mesure appréciable, développé son très modeste savoir archéologique ; bien des choses qui ne le
frappaient pas alors, qui étaient pour lui lettre morte,
ont pris dans l'intervalle figure et signification ; je
verrai mieux et avec plus de fruit.

L'édifice actuel, de style roman, est dans son ensemble du xɪɪ' siècle ; certaines parties cependant,
notamment maints motifs d'ornementation et de sculpture, doivent être reportées à une date plus ancienne.
Il s'élève sur l'emplacement de l'église primitive, du
ɪv' siècle, bâtie par saint Ambroise, celle-là même
dont le grand évêque aurait refusé l'entrée à l'empereur Théodose après le massacre de Thessalonique ;
or cette église primitive prenait déjà la place d'un temple dédié à Bacchus. Ici même, les rois Lombards et
les empereurs d'Allemagne ceignaient la *Couronne
de fer* conservée à Monza. Cette ancienne origine et
cette continuité se traduisent, ai-je dit, par maints détails dont le plus immédiat est, dès l'entrée, l'*atrium*

conservé dans sa forme primitive, apparemment celle du iv° siècle. C'est une cour rectangulaire entourée sur les quatre côtés d'un cloître aux arcades en plein cintre; sous la galerie, des tombeaux, des inscriptions, des fresques endommagées ; aux chapiteaux des piliers, une ornementation archaïque et bizarre, particulièrement des animaux, tigres, lions, porcs, puis des feuillages, des entrelacs. Du côté opposé à la porte de *l'atrium* s'ouvre sous la galerie la porte principale de l'église ; sur cette face du rectangle, qui forme façade de l'édifice, règne au premier étage une galerie symétrique à celle du rez-de-chaussée, et, au-dessus de cette galerie, le toit à deux rampants. Partout, au pourtour du cloître, aux rampants de la toiture, s'alignent les *fausses arcatures en dents de scie* ; le même motif se reproduit à la plus haute des deux tours flanquant la façade ; cette haute tour quadrangulaire présente les *bandes lombardes*, et, au dessus des fausses arcatures, court la frise, alternativement simple ou double, à *dents d'engrenage*.

L'intérieur de l'édifice n'est pas moins attachant et vénérable. Il est à trois nefs, en trois travées séparées les unes des autres par des arcades en anse de panier ; à chaque travée, deux fortes nervures se croisent au sommet des calottes sphériques ; une rangée de chapelles borde les nefs latérales. A gauche de la grande nef, et très près de la clôture basse ou *septum* qui marque l'entrée du chœur, se dresse la chaire du ix° siècle en marbre blanc, vaste, de forme rectangulaire, supportée par de gracieuses colonnettes au nombre de quatre sur les deux faces allongées, et de trois seulement sur les deux autres. Point d'abat-voie à la chaire. Au-dessous, dans l'entrecolonnement, un vide considérable en partie rempli par un sarcophage richement décoré, la sépulture très hypothétique de Stilicon. Le sarcophage est intérieurement garni en son pourtour de personnages en deux rangées superposées, ceux du dessous d'apparence exclusivement religieuse, alignés symétriquement en des niches régulières, ceux du dessus au contraire figurant des scènes diverses, un festin et autres épisodes, que le défaut de temps et de renseignements ne permet de déchiffrer qu'imparfaitement. Aux chapiteaux des colonnettes de la chaire, aux arcades qui les supportent, à la frise en forme de bandeau qui les surmonte, règne une ornementation exubérante, la sculpture romane à sa naissance donnant libre carrière à sa fantaisie ; des oiseaux, des animaux contournés, des têtes et bêtes grotesques, des spirales, des entrelacs, des volutes, de gracieux motifs végétaux, et à l'un des angles, un personnage en Atlas, supportant la chaire sur ses épaules, pliant sous le faix avec une étrange expression de résignation ahurie. — Au-dessus de la frise, et formant contraste absolu avec cette exubérance de décoration, les quatre faces de l'édicule s'étalent nues dans leur blancheur marmoréenne, offrant simplement un aigle de bronze et un Saint Ambroise du même métal, tous deux ciselés en haut relief et constituant la partie la plus ancienne de l'ornementation ; sur une des faces, une inscription en lettres onciales que je transcris ou à peu près, telle que les abréviations et les chevauchements m'ont permis de la déchiffrer :

Gulielmus de pomo superstes hujus ecclesiæ hoc opus mulctæ alia fieri fecit.

Maintenant, le terme de *chaire* est-il bien exact, car l'édicule pouvait donner asile simultanément à plusieurs personnages ? Ne devons-nous pas y voir

un *ambon* ? Je le croirais volontiers. Le nom généri-
que de *pulpito*, par lequel ces meubles d'église sont
aujourd'hui uniformément désignés, ne nous éclaire
pas suffisamment ; les ambons ont au cours des siècles, dans les basiliques, occupé des emplacements
divers. Je reprendrai cette discussion au cours de
ma visite à Ravenne.

Immédiatement au-delà de la clôture basse, en
marbre, qui barre la nef principale, le chœur inférieur ou chœur de chant, *cancellum*, légèrement surélevé, conduit au maître-autel, lequel est surmonté
d'un baldaquin ou *ciborio* soutenu par quatre colonnes de porphyre et terminé par une coupole ; ces
baldaquins constituaient, semble-t-il, un des privilèges des basiliques. Le maître-autel, des viiie-ixe
siècles, a conservé son revêtement ancien, à peu près
unique de ce genre, de bas-reliefs en argent et en or
avec émaux et pierres précieuses ; il est recouvert et
préservé par une fine dentelle ; en avant, la pierre
tombale de l'Empereur Louis II, fils aîné de Lothaire,
mort en 875 ; çà et là, des mosaïques, dont certaines
du ixe siècle. — En arrière de l'autel, un large escalier monte au chœur supérieur, lequel forme terrasse
close par une balustrade ajourée ; il est garni de belles
stalles avec dais, et offre en son chevet, au point le
plus élevé, un ancien trône en marbre dans lequel on
a voulu reconnaître celui de saint Ambroise. Ceci
est entièrement conforme au principe en vertu duquel
l'évêque, du haut de sa *cathedra* installée à l'abside,
dominait à la fois l'autel et l'assemblée.

Sous le chœur supérieur règne une première crypte,
peu profonde, plutôt chapelle absidale, éclairée par
les larges baies qui, à droite et à gauche du maître-
autel, s'ouvrent sous la balustrade ajourée. Cette

première crypte offre à l'entrée la pierre tombale de
Pépin fils de Charlemagne, et communique avec la
seconde et véritable crypte ou *confessio*, celle-ci
sombre, primitive, s'enfonçant profondément sous
le chœur antérieur, difficilement abordable vu l'obscurité qui y règne, et conservant les tombeaux des
saints Gervais et Protais, de saint Ambroise.

Tel est ce sanctuaire singulièrement attachant et
vénérable, reflet de la primitive Eglise et des temps
les plus reculés du moyen âge. J'y vins à deux reprises pendant mon séjour à Milan ; il me captivait
étrangement, et j'eusse voulu en fixer dans mon souvenir les moindres détails. A défaut de mémoire, on
en forge de papier ; c'est ce que je faisais à l'aide de
notes informes, au secours desquelles vient la photo-
graphie ; mais combien insuffisantes sont ces ressources, et combien de lacunes ne découvre-t-on
pas, lorsqu'au retour du voyage, on tente de consi-
gner par écrit ses impressions ! Elles ne peuvent être
qu'imparfaites, et donner un vague aperçu de ce
qu'on eût pu voir et faire, si le temps, si les capa-
cités spéciales n'eussent fait défaut, si le touriste ne
s'était senti, à plus d'un instant, déprimé par une
fatigue avec laquelle les forces humaines doivent toujours compter.

A *Santa-Maria-delle-Grazie*, dans un quartier plus
reculé encore et plus excentrique, vers la Porta Ma-
genta, le chœur, le transsept et la coupole sont attribués à **Bramante**. L'impression est favorable ; certes
nous préférons nos puissantes nefs romanes, nos flèches gothiques à si belle envolée; mais, à leur défaut,
ce bel extérieur Renaissance majestueux, orné sans
exagération, où la coupole polygonale s'enlève puissamment sur une base carrée flanquée d'absidioles,

cet extérieur nous satisfait dans une certaine mesure,
et, par cela même qu'il fait diversion, il plait à notre
éclectisme. — L'église souffre d'ailleurs d'un voisinage de singulière attraction ; c'est, au réfectoire du
couvent adjacent, aujourd'hui quartier de cavalerie,
la fameuse fresque la Cène, de Léonard de Vinci.
Entrons au *Cenacolo* : une salle longue, dont les murailles suintent l'humidité ; à l'extrémité, la fresque,
ayant amplement souffert de cette ambiance fâcheuse
et des injures du temps, moins altérée cependant que
certaines appréciations ne me le faisaient redouter ;
la physionomie du Christ surtout est endommagée,
mais la pose subsiste entière avec sa signification,
tête légèrement inclinée, mains ouvertes et reposant
sur la table dans une expression de tristesse et
d'abandon, comme pour donner plus de relief aux pa-
roles sacrées : « L'un de vous me trahira. » Et ce
qui est admirable, c'est de voir les différents groupes
des Apôtres se former, se détacher, tout en restant
dépendants du sujet central. Le jeu des physionomies
est unanime : « Un traître est parmi nous, quel est-il ? »
Chacun de s'ingénier dans ses recherches, d'argu-
menter avec son voisin, en des poses vigoureuses et
accentuées, jusqu'à ce que finalement les regards
convergent vers ce Juif au nez crochu, assis à l'extrémité de la table, qui lui aussi cherche à se défen-
dre, alors que ses lèvres serrées, l'obstination re-
vêche peinte sur son visage, démentent à première
vue la faiblesse de ses arguments. Et pendant ce
temps, au milieu de ce conflit de sentiments bruyam-
ment exprimés, le Christ de garder son silence ex-
pressif, son attitude de résignation céleste, comme
si ce silence même clamait une fois de plus : « Oui,
ce n'est que trop vrai, l'un de vous me trahira ! » —

Sur les murailles de la longue salle, à droite, à gauche,
s'alignent une série de fresques, copies de la Cène
de Léonard, non point copies vulgaires, mais toutes
œuvres de talent, exécutées successivement dans la
suite des âges, certaines d'entre elles presque contemporaines de l'original, comme si on eût voulu se
transmettre de main en main la tradition du maître ;
série infiniment précieuse, qui elle aussi a souffert
de l'humidité ambiante, mais dont les physionomies,
inégalement respectées, peuvent du moins combler
dans une certaine mesure les lacunes de la fresque
primitive.

Bien intéressante encore est l'église *San-Loren-
zo*, par son antiquité et par les souvenirs historiques
qu'elle évoque. Un grand portique de seize colonnes
corinthiennes la précède, alignant tout au long d'une
rue populaire, parallèlement à la façade des maisons,
sa puissante et décorative silhouette ; c'est le vestige
le plus important de l'époque romaine qui soit demeuré à Milan ; il daterait de Verus, fils adoptif d'Antonin
et très médiocre collègue de Marc-Aurèle à l'Empire.
—L'église elle-même, très remarquable malgré les remaniements qu'elle a subis, serait le plus ancien édifice religieux à Milan ; peut-être avait-elle commencé
par être la salle principale du Palais des Thermes de
Maximien, collègue de Dioclétien à l'Empire. Enserrée
par les maisons voisines, elle se laisse difficilement apprécier du dehors ; intérieurement, elle est octogonale
et à coupole sur le modèle de Sainte-Sophie de Constantinople et de Saint-Vital de Ravenne ; elle offre aux
quatre faces principales de grandes absides en hémicycle. A droite de l'église à laquelle elle est exactement contigüe, s'ouvre la chapelle Saint-Aquilin avec
d'anciennes mosaïques des vi^e-viie siècles, et un vieux

sarcophage chrétien qui serait celui d'Ataulf roi des Goths, beau-frère et successeur d'Alaric, époux de Placidie sœur de l'Empereur Honorius. Ataulf mourut en 415 ; il serait le fondateur de la chapelle ; j'insiste sur ce point, pour corriger en passant l'énonciation erronée des sacristains et guides, lesquels défigurent le nom en celui d'Astolphe, avant-dernier roi lombard.

Tout ce quartier fourmille d'églises ; à Milan elles sont légion ; aux abords immédiats de Saint-Laurent se pressent Saint-Eustorge, Saint-Georges, Saint-Alexandre, Saint-Satyre, Saint Sépulcre, un peu plus loin Saint-Maurice, toutes plus ou moins estimables et attrayantes, mais il faut savoir se borner. Près de là règne un enchevêtrement de ruelles portant des noms de corps de métiers, *via dei Orefici, dei Spadari, dei Armorari*, tout un quartier du vieux Milan bien pittoresque avec ses petites boutiques, ses échoppes d'artisans, non encore modernisé ; il n'y faisait point bon au mois de Mai 1898, alors que les émeutiers, juchés sur les toits, décrochaient les barres de fer, les gouttières, tout ce qui leur tombait sous la main, et les faisaient pleuvoir en grêle de projectiles sur les soldats ; pendant ce temps, la cavalerie chargeait près de la *Porta Venezia*, et la gendarmerie exécutait des feux de salve ; mauvais jours qui me chassèrent de Milan, me poursuivirent en gare de Monza, et me contraignirent de fuir jusqu'à Lugano. Aujourd'hui, dans cet enchevêtrement de voies étroites, règne un calme de bon aloi, et les lecteurs de la bibliothèque *Ambrosienne* ne sont pas troublés dans leurs études. Bien riche est l'Ambrosienne, en autographes, en manuscrits enluminés, en dessins, en tableaux, et cordiale est la réception qu'y reçoivent les étrangers ; on peut ad-

mirer, contempler, se complaire en recherches, sans
craindre de lasser, sans redouter le fâcheux procédé
dont nous fûmes victimes, mes amis et moi, à la *Bodlé-
ienne* d'Oxford, alors que notre examen du manuscrit
de la Chanson de Roland fut interrompu par l'exhor-
tation pressante et désagréable de nous transporter à
un autre étage où, à défaut de manuscrits, nous pour-
rions contempler des tableaux. Mais différents sont les
peuples, différentes leurs qualités, et, au cours de mes
voyages successifs en Italie, je n'ai qu'à me louer de
la bonne grâce générale, et en particulier de l'accueil
des hommes de science. A Florence naguère, absorbé
par les Uffizzi et le Palais Pitti, j'eus le tort de négliger la *Laurentienne* ; là du moins, non sans cause,
nous avons laissé de fâcheux souvenirs, et la tache
d'encre de Paul-Louis Courier sur le manuscrit de
Longus, ses démêlés avec le bibliothécaire *signor* Fu-
ria, pourraient bien n'être pas oubliés. Espérons qu'il
n'en est rien, et que les savants florentins ne se
montrent pas, à l'occasion, moins accueillants que
leurs confrères milanais.

Le Palais Brera est pour moi une vieille connaissance, de ces connaissances que l'on revoit toujours
avec plaisir. Le *Sposalizio* a changé de place ; jadis
il était relégué au fond d'une galerie accessoire de
dimensions médiocres ; peut-être la mise en scène
était-elle voulue : des toiles de précurseurs, Vierges
de Giotto, de Bellini, de Luini, Descente de croix de
Mantegna, *Pietà* du même, lui faisaient cortège, sem-
blaient le préparer, et bien vite, par la disposition
même de la salle, toute l'attention se concentrait sur
cette œuvre merveilleuse, tous les regards allaient
spontanément vers elle. Maintenant le Sposalizio est
en place d'honneur, dans une belle et vaste salle, au

centre d'un large panneau : peut-être y perd-il un peu,
car l'admiration tend à se disséminer sur les œuvres
voisines disposées comme lui en bonne lumière ; elle
lui revient toutefois promptement. — L'ordonnance
des personnages est connue : au centre de la composition le grand-prêtre ; à sa droite, à sa gauche, Joseph et Marie, le fiancé passant l'anneau au doigt de
la Vierge ; puis, sur les côtés du tableau, le groupe
des jeunes filles, celui des prétendants éconduits ; au
fond, sur un haut parvis, le Temple en rotonde polygonale, avec galerie au pourtour soutenue par de
gracieuses colonnettes, avec, en son fronton, la signature du peintre, *Raphaël Urbinat*. MDIIII, et, au
dernier plan, quelques buissons, les collines de Ju-
dée s'estompant dans la brume ; soit, dans la disposition générale, une extrême simplicité, une touchante
sobriété de détails, rien qui s'efforce de tirer l'œil et
de s'imposer au détriment de l'idée majeure. Et cependant, quelle grâce ! quelle suavité ! combien, à
regarder de plus près, chacune de ces figures mérite
d'être étudiée ! La Vierge, doucement inclinée, a la
physionomie douce et réfléchie, tout imprégnée de
l'idée de prédestination ; l'époux, un homme dans la
force de l'âge, d'attitude modeste, n'a garde de triom-
pher de sa baguette fleurie, tandis que les prétendants évincés brisent les leurs restées stériles. Ces
prétendants eux-mêmes ne sont pas simples et vulgaires comparses : l'un d'eux, gracieux jeune homme,
peut-être un portrait du peintre, se résigne de bonne
grâce ; un autre, sur le retour déjà, à figure renfro-
gnée, accepte mal sa défaite. Les visages des jeunes
filles sont absolument suaves ; l'une d'elles surtout,
aux côtés immédiats de la Vierge, redresse la tête
avec une jolie expression d'intérêt et de fierté, comme

pour s'enorgueillir de la fortune qui échoit à sa compagne : Joseph est, il est vrai, simple charpentier,
mais il est de la souche de David, et l'union n'est
point sans gloire. Par dessus tout, les couleurs éclatantes se marient merveilleusement : le manteau jaune
de Joseph, le corsage rouge de la Vierge, les ors
étincelant sur la robe du Grand-Prêtre. Par des
moyens de simplicité extrême, sans aucun artifice
ni heurt dans les colorations, un chef-d'œuvre s'est
trouvé réalisé ; quel enseignement pour nos écoles
réalistes, pour nos peintres modernes, sans cesse à
la recherche du *coup de pistolet* qui doit subjuguer
le *philistin* !

L'Adoration des Mages, de Paul Véronèse, reproduit les qualités et les défauts habituels du peintre,
soit son absolu mépris de couleur locale, et les Noces
de Cana, d'un de ses disciples, ne sont pas faites
pour donner sur ce point démenti au maître. Mais
sachons nous borner, et cherchons simplement dans
nos souvenirs les toiles qui, après le Sposalizio, nous
ont le plus vivement frappé. — J'en retrouve deux
qui s'imposent tout particulièrement, non point, l'a-
vouerai-je, par l'impression grande et forte qui s'en
dégage, mais par la sensation toute charmante et reposante qu'elles m'ont fait éprouver : c'est la *Danse
des Amours*, de l'Albane, Ecole bolonaise ; maniériste,
dira-t-on, peintre de décadence ; il est du xviie siècle,
alors que la grande époque est passée ; mais combien
gracieux, combien séduisants et charmants sont ces
petits enfants, menant la ronde autour d'un arbre
dans les branches duquel est juché un trio d'artistes
enfantins composant l'orchestre ! près de là, un petit
lac, un char figurant une scène d'enlèvement, une
naïade poussant à la roue ; plus loin, quelques nym-

phes groupées au seuil d'un temple, et, dans la nue,
Vénus et l'Amour planant en divinités propices. Les
petits Amours ont déposé flèches et carquois ; ils sont
tout entiers à la joie de la danse. Tout cela est gracieux, naïf, avec un charme d'expression que le pinceau peut rendre, mais que la plume est impuissante
à reproduire : ces chairs délicates, rosées, se déta-
chant sur la verdure de la prairie, le temple étincelant de blancheur, les collines bleuâtres à l'horizon,
toute une nature calme, délicieuse, telle qu'il s'en
trouve encore, lorsqu'on est sorti des tristesses de la
Campagne de Rome, par delà les Monts Albains...

Mon autre souvenir reposant et gracieux se per-
sonnifie en un portrait de Van Dyck, celui d'Amélie
de Solms princesse d'Orange. L'image est celle d'une
jolie femme dans toute la fleur de la jeunesse, avec
le costume seyant et dégagé de la première moitié du
grand siècle : le cou est nu, ceint d'un unique collier
de perles ; les épaules, la poitrine, de carnation délicate, se voilent à demi sous une guimpe de dentelle ;
les cheveux blonds, courts et épais, sont ramenés
sur le front, ou voltigent librement et sans con-
trainte, en boucles folles dans lesquelles semble se
jouer le zéphyr ; et de ce cadre à souhait émerge le
plus charmant visage de blonde aux yeux bleus, au
nez droit, à la délicate petite bouche, quelque chose
comme une de ces belles dames du cortège d'Anne
d'Autriche, Chevreuse ou Longueville, qui, au milieu
de nos discordes civiles, maintenaient les traditions
de grâce et d'élégance, tout en sachant à l'occasion
se montrer héroïques. C'est sur cette délicieuse
apparition que je quitte le Musée Brera.

Je n'ai pas voulu demeurer sur ces données vagues,
et j'ai tenu à identifier la jolie personne aux cheveux

blonds qui pour un instant m'avait charmé ; quelques
recherches personnelles et l'obligeance parfaite d'un
beau-frère hollandais m'ont permis d'atteindre à ce
résultat sans trop de peine. — Amélie-Constance de
Solms était fille de Jean-Albert de Solms-Braunfels,
grand intendant du Palais du roi détrôné de Bohême
Frédéric V (Electeur palatin, puis roi éphémère de
Bohême, renversé en 1620 au début de la Guerre de
Trente ans), qui vint mourir à la Haye en 1623. Amélie
était attachée à la suite de la Reine de Bohême Eli-
sabeth, fille de Jacques Iᵉʳ d'Angleterre. A cette époque, le Stathouder de Hollande était Maurice d'Orange,
fils de Guillaume Iᵉʳ ; se voyant près de la mort, et
n'ayant point d'autre héritier que son frère Frédéric-
Henri, il lui conseilla d'épouser la jeune Comtesse
de Solms, ce qui se fit en avril 1625, avec la haute
approbation des Etats généraux du pays. L'union fut
heureuse, ainsi qu'en témoigne une inscription placée à la frise de la coupole de la salle d'Orange, en la
Maison du Bois près de la Haye, et dans laquelle
Amélie de Solms, *vidua inconsolabilis*, voue un éternel souvenir *incomparabili marito, digno luctûs et
amoris æterni ;* de plus, elle fut féconde, et donna le
jour à cinq enfants, Guillaume qui succéda comme
Stathouder à son père en 1647, et quatre filles pourvues
de riches alliances.

Outre le délicieux portrait de Van Dyck, nous
connaissons deux tableaux représentant également la
princesse : l'un est au Mauritshuis de la Haye, le
prince en harnais de guerre, figure sérieuse et pleine,
moustache et royale grisonnantes, apparemment
beaucoup plus âgé que sa femme ; celle-ci en toilette
de grand apparat, physionomie, elle aussi, quelque
peu assombrie, — l'exercice et la responsabilité du

pouvoir sont lourdes charges ; dans les traits du visage néanmoins et dans le costume se retrouvent
facilement l'expression, les linéaments du portrait de
Van Dyck. Celui de la Haye est du grand peintre
Gérard Honthorst ; ils sont évidemment à peu près
contemporains l'un de l'autre. — Frédéric-Henri
prépara le triomphe définitif de l'indépendance des
Pays-bas, que devait, un an après sa mort, consacrer
la paix de Munster ; sa veuve fit élever la Maison du
Bois, et la consacra à la gloire de son époux. Dans la
grande salle dite d'Orange est le fameux tableau de
Jordaëns, le Triomphe du prince Frédéric-Henri,
merveilleux de coloris, mais avec cette exubérance
de contours et de mise en scène qui a gâté les grandes
qualités du peintre. Près de là, le second portrait
d'Amélie de Solms, du même Honthorst, grande toile
théâtrale et froide : la Princesse en habit de cour,
assise sur un trône, entourée de ses quatre filles dont
aucune ne semble avoir hérité de la grâce de la mère ;
la beauté fine et blonde, adorable sous le pinceau de
Van Dyck, a disparu ou du moins a dégénéré en majesté ; avec l'âge, le masque s'est empâté ; les préoccupations du pouvoir, les tristesses du veuvage ont
fait le reste. Le deuil est tout récent d'ailleurs, car
la plus jeune fille Maria, née en 1642, est encore enfant, et joue aux pieds de sa mère ; un ange drapé
de noir, précédant une sombre silhouette voilée,
emblème de la mort, serait là pour rappeler à la veuve
la mémoire du défunt, si elle pouvait être tentée de
l'oublier. Seuls subsistent les yeux intelligents, largement ouverts, et au cou, le collier de perles, dernier souvenir de la gracieuse apparition du Musée
Brera.

Comme toute ville d'Italie au passé historique,

Milan a ses palais, rappelant de grands souvenirs,
portant quelques noms illustres, Borromée, Visconti,
Trivulzio, Melzi, Litta, soit qu'ils appartiennent encore aux familles elles-mêmes, ou qu'ils en soient
sortis pour passer en des mains officielles, devenir le
siège de quelque service public ou d'une grande
administration financière. L'accès n'en est pas toujours facile, et cependant nombre de ces familles,
déchues ou sur la pente de la ruine, ne dédaignent
pas d'y recevoir les visiteurs moyennant finance. Le
palais Poldi-Pezzoli, légué à la ville de Milan par le
dernier propriétaire, est un type accompli du genre :
une série de salles se succèdent, toutes merveilleusement meublées, décorées, garnies des plus précieuses attractions, bijoux, émaux, armes, bronzes,
tapis, porcelaines, etc. Chacun de ces palais conserve
une véritable galerie de tableaux ; chacun d'eux est
célèbre par telle ou telle toile d'un grand maître. Au
palais Poldi-Pezzoli, c'est le *Sposalizio* de Sainte-
Catherine, de Bernardino Luini, motif fréquent dans
les fastes de la peinture italienne : l'Enfant Jésus
repose sur un coussin, soutenu par sa mère, et, dans
une pose pleine de bonne grâce et de protection enfantine, il passe l'anneau au doigt de la Sainte ; la pose
de celle-ci est grave, réfléchie ; elle comprend, et
l'honneur qui lui est fait, et les responsabilités qu'il
entraîne. Les détails de vêtements, les oppositions
de coloration sont ravissants, et le petit paysage du
fond, une chaumière au bord d'un cours d'eau, des
arbres, une cime dentelée dans le lointain bleuâtre,
tout cela est délicieux, plein de simplicité et de modestie. Luini avait de qui tenir ; il était élève de Léonard de Vinci, c'est un des plus charmants peintres
de l'Ecole lombarde ; Milan montre avec orgueil un

nombre considérable de ses œuvres, tout en enviant à Lugano les admirables fresques de Sainte-Marie-des Anges.

J'en ai fini avec Milan, ou du moins sont écoulées les journées que mon programme permettait de lui consacrer. On me reprocherait cependant, certainement avec raison, d'avoir, dans la région avoisinante, négligé la Chartreuse de Pavie, de n'avoir point donné un coup d'œil à Monza ; qu'on se rassure, je n'ai point commis ce double méfait. — Dans mon voyage de 1898, j'avais visité la *Certosa*, cette merveille d'architecture décorative, présentant le contraste de deux styles étroitement juxtaposés. L'église, commencée en 1396, est de beau style gothique, avec trois nefs, chapelles latérales et coupole ; la façade, postérieure de près d'un siècle (1473), une des plus belles qu'ait produites la Renaissance, n'a point été achevée, et se termine par une corniche droite. *Trop de fleurs* peut-être, dira-t-on ; il est certain que cette exubérance de décoration, d'ornementation, ce luxe de médaillons, de niches, de statues, engendre au bout de peu de temps la fatigue ; on arrive à n'y plus voir qu'un rétable gigantesque ; ce n'est point la simplicité de bon goût de Sainte-Marie-des-Grâces ; ce bijou de décoration excessive ne se suffit point à lui-même, et, aujourd'hui que la Chartreuse est veuve de ses habitants, que toute animation y a cessé, la solitude y est plus poignante, la déchéance en apparaît plus profonde : pour un peu, dirait-on, c'est la mort à bref délai (1). — De même avais-je, au

(1) D'après un avis que je lisais il y a peu de temps dans un journal, le Gouvernement italien serait disposé à rendre aux Chartreux la possession de leur monastère, sous la réserve que l'église demeurerait en tout temps ouverte au public. Il est à craindre que cette clause, contraire à la règle de clôture, ne fasse échouer la négociation.

cours de mon voyage antérieur, visité Monza. La
Cathédrale éveille des souvenirs tout particulièrement historiques : c'est le tombeau de la reine Théo-
delinde, c'est la célèbre *couronne de fer*, en réalité un cercle d'or enrichi de pierreries, ne justifiant
son nom que par le clou de la *Vraie Croix*, aminci et
étiré en forme de languette, qui en constitue l'arma-
ture ; c'est enfin la poule d'or et ses sept poussins,
représentant la Lombardie avec ses sept provinces.
Voilà les merveilleuses épaves historiques qu'il faut
avoir vues, fût-ce à beaux deniers comptants, sans
parler des autres attractions, et elles sont nombreuses,
que conserve le Trésor de la Cathédrale. Mais tout
cela m'est connu ; donc, *non bis in idem*, et la locomotive m'entraîne, sans trop de regrets, à travers les
riches plaines de la Lombardie.

La voie ferrée longe l'Adda ; plaine sillonnée de
canaux, cultivée en rizières. Marignan, Lodi, noms
de victoires françaises, tout ce pays est arrosé de
notre sang ; nous l'avons versé à flots pour assurer la
liberté des peuples, et quelque peu aussi par ambition
et amour de la gloire ; ce dernier sentiment seul s'est
trouvé satisfait. — Voici le Pô, beau fleuve, mais des-
séché par les chaleurs de l'été ; au-delà de Plaisance,
jusqu'à Bologne, la voie ferrée suit le tracé de l'antique
Voie Emilienne, qui a donné son nom à la province
moderne d'Emilie, vaste plaine sillonnée de torrents,
le Taro, la Secchia, le Panaro, le Reno, descendus
de l'Apennin ; Parme, Modène, jadis petites capitales
de petits Etats, aujourd'hui englobées dans l'unité

italienne. Ces cités dépouillées de leur grandeur ont un passé dans l'histoire ; elles en vivent encore, et, à défaut de l'animation populaire qui les a fuies sans retour, elles conservent leurs richesses artistiques ; ainsi se perpétue le souvenir des dynasties qui jadis les gouvernaient. Aujourd'hui Parme, demain Ferrare ; dans l'une comme dans l'autre, je n'aurai pas perdu les quelques heures que je pus leur consacrer.

A Parme vivent encore les souvenirs des maisons jadis régnantes, Farnèse et Bourbon ; ils sont tous, à la vérité, en un quartier reculé, loin du centre de la ville, et encore le grand nom du Corrège leur fait-il tort dans une ample mesure. La statue du peintre se dresse à la Grand'place ; là se pressent les oisifs, discourant des petits événements du jour, compétitions municipales, menus scandales locaux ; dans ces petites cités, comme en Espagne, la vie municipale est demeurée intense ; la politique générale ne vient qu'au second plan. Tout autour de la Grand'place, un enchevêtrement de rues, de ruelles, où le touriste se guide difficilement ; la cité n'a point été encore, ne sera sans doute pas *haussmannisée*; la longue rue Victor-Emmanuel la traverse de part en part, et c'est tout. Je néglige les monuments civils et administratifs, sans caractère. Çà et là quelques églises : la *Madonna della Steccata*, reproduisant, toutes proportions gardées, le type de Saint-Pierre de Rome, croix grecque (1), absides en hémicycle, galerie supérieure couronnée de statues, et coupole. Dans un quartier désert, à l'angle d'une place au pavé raboteux, se dresse un groupe de monuments évoquant, non point par leur ressemblance spéciale,

(1) La *croix grecque* est une croix aux quatre branches *égales*.

mais par l'analogie de leur situation, le souvenir du trio pisan, Dôme, Baptistère et Tour penchée ; ici, Dôme, Baptistère et Campanile.

Le Baptistère, en marbre bruni par le temps, remonte au xiii° siècle. Octogone à l'intérieur, il présente trois portails en plein cintre creusés en fort retrait, cinq étages avec galeries et colonnettes, un toit plat ceint de logettes pyramidales et d'un petit campanile. — Le Dôme, de style roman lombard, fut terminé seulement au xiii° siècle. Trois portails y donnent accès, celui du milieu précédé d'un portique en forte saillie ; ils sont surmontés de trois rangées superposées de galeries en arcades, les deux premières formant triplets, la galerie supérieure grimpant au sommet du pignon en dessous des rampants. A la façade, comme en mainte église du nord de l'Italie, est accolé le haut Campanile quadrangulaire à bandes lombardes, avec fausses arcatures en dents de scie, dominé par une flèche aigüe. Deux grands et quatre petits lions en marbre rouge, souvenir de Byzance, gardent les trois portails. L'intérieur à trois nefs présente une superbe chaire rococo étincelante de dorures, et au chœur surélevé, flanqué de deux hautes tribunes non moins dorées, de belles stalles, le traditionnel baldaquin à colonnes torses surmontant le maître-autel ; mais toute cette splendeur décorative s'efface devant la coupole octogonale décorée des fresques du Corrège.

Antonio Allegri (1494-1534) naquit au duché de Modène, en la petite ville de Correggio dont il prit le nom. Timide et mélancolique, amant désintéressé de l'art, il s'adonna surtout à la peinture religieuse, tout en faisant parfois des incursions sur le terrain mythologique. On a de lui des tableaux et des fres-

ques, nul ne s'entendant mieux à grouper aux coupoles
des cathédrales les Docteurs, les Vierges, les Ché-
rubins, et à les entourer d'accessoires charmants,
feuillages, fruits, fleurs, oiseaux, tous éclatants de
coloris. C'est là en effet qu'il triomphe : « Coloriste
« charmant, brillant, poétique, donnant à la lumière
« un éclat radieux, aux chairs une transparence
« idéale, il est à la fois délicat et viril, exquis et fort ;
« aux symboles antiques il prête la séduction, aux
« types religieux la tendresse ; personne n'a poussé
« plus loin les illusions du clair-obscur, les effets va-
« riés de la lumière. C'est le peintre par excellence
« des femmes et des enfants, et ses sujets mytholo-
« giques notamment sont des chefs-d'œuvre de des-
« sin et de couleur. » (Ch. Blanc, *Histoire des Peintres, Ecoles Italiennes*, T. III. le Corrège).

Il travailla d'abord, tout jeune enfant, dans l'atelier
de Mantegna, puis étudia sous la direction de son
oncle Lorenzo, élève du même Mantegna. Pour son
début, il peignit les fresques assez profanes (la Chasse
de Diane) du monastère Saint-Paul de Parme ; puis
un Mariage mystique de Sainte Catherine qui est au
Louvre, et dont les Musées de Pétersbourg et de
Naples possèdent des répliques. Ensuite il passe à
Saint-Jean-l'Evangiste. dont il orne la coupole ; entre
temps, il donne les tableaux religieux du Musée ; il
aborde franchement les sujets mythologiques, peint
la Danaë de la galerie Borghèse, la Léda du Musée
de Berlin, l'Enlèvement de Ganymède qui est à
Vienne, le Sommeil d'Antiope du Louvre, tous chefs-
d'œuvre de couleur et de dessin. Sa dernière étape
est le Dôme de Parme, dont il laisse la coupole ina-
chevée.

Le grand sujet de la coupole du Dôme est l'As-

somption de la Vierge ; ce fut la dernière œuvre du
Corrège, et l'on peut dire qu'il y atteignit à la perfection dans la distribution de la lumière, dans la
science des raccourcis, dans l'expression toute céleste
des physionomies, et, dans le groupement des en-
sembles. La première impression est toute grandiose,
bien que mêlée d'étonnement en présence de cette
foule innombrable et quelque peu confuse de figures ;
mais la confusion n'est qu'apparente, et l'on relève
bien vite l'ordre admirable qui y règne : — Au bas
de la composition se groupent les anges porteurs de
flambeaux, les apôtres, les fidèles, les disciples de
tout âge et de tout sexe, tous contemplant la Vierge
qui s'élève dans les airs entourée des esprits célestes.
Au sommet de la coupole, le Rédempteur ; les cieux
s'ouvrent devant lui pour recevoir la Vierge ; les
anges la soutiennent, l'enlèvent sans effort, l'accompagnent d'un vol rapide et sûr, à croire que dans leur
essor ils vont traverser la voûte, et le monde chrétien tout entier semble entraîné à leur suite dans un
élan extatique : les bienheureux entonnent des can-
tiques, les enfants jouent d'instruments divers, trom-
pettes, cymbales, tambours de basque ; c'est une joie,
une félicité surhumaines éclatant sur tous les visages ;
le Ciel est en fête, et la terre s'unit à cette allégesse.

Ce luxe de décoration, cette évocation du coloriste
charmant que fut le Corrège, se continuent à l'arrière
du Dôme, en l'église Saint-Jean, sur une place plus
triste encore et plus abandonnée ; c'est l'église d'un
ancien couvent de Bénédictins, aujourd'hui caserne,
et les sonneries militaires intermittentes ne parviennent point à égayer la tristesse ambiante. Comme
toujours, chaque chapelle renferme ses attractions
artistiques, toiles, fresques, tombeaux ; l'un d'eux

est celui d'une fille de Marie-Louise et de Neipperg,
une personnalité qui nous apparaît, nous la retrouverons dans un instant. — Mais ici encore, c'est le
Corrège qui domine et s'impose ; de lui, à la coupole,
le Christ glorifié, entouré d'anges et d'apôtres. Il res-
plendit dans une lumière paradisiaque, et s'enlève
en raccourci, la figure renversée en arrière, pour
mieux regarder le Ciel où il va atteindre. Les apôtres,
les vierges, les anges au pourtour sont beaux, frais
et purs, les anges transparents et légers, les apôtres
d'une beauté toute païenne, les vierges pleines de
mignardise ; ce n'est plus la foule qui nous stupéfiait
à la coupole du Dôme, ici les personnages sont relativement peu nombreux. Le Corrège n'avait alors que
vingt-six ans ; l'art de grouper ces compositions im-
menses était encore dans l'enfance ; mais déjà le
peintre montre sa vaste imagination, son exécution
sûre et puissante, son ordonnance hardie, ses audaces
de raccourci s'appliquant à des figures colossales :
toutefois on peut discuter les poses quelque peu contournées de ses personnages, et critiquer le manié-
risme des figures. Il a fait mieux au Dôme, puisque,
avons-nous dit, il y a touché à la perfection.

En la même église, nous relevons encore, au dessus
de la porte de la sacristie, un saint Jean patron de
l'édifice. La nef d'ailleurs a grand air, avec sa voûte
richement ornée, ses belles et puissantes colonnes
carrées, cannelées, soutenant les arcades en plein
cintre ; on est allé jusqu'à l'attribuer à Bramante ; il
faut en rabattre, et se contenter d'un architecte de
moindre envergure. N'importe ; le visiteur qui, jusqu'à ce jour, n'admettait point de salut en dehors du
style roman ou du gothique, se surprend à admirer
ce style grandiose de la Renaissance, plein d'harmo-

nie et de proportion, fort éloigné assurément des
tendances exclusivement verticales du style gothique,
nous ramenant davantage vers la terre, c'est-à-dire
vers l'humanité, par un emploi judicieux et raisonné
de l'horizontalité. Style majestueux et simple tout à
la fois, sacrifiant sans abus à la richesse de décoration, bien éloigné encore, tout en les préparant peut-
être, des exagérations ornementales que réaliseront
les artistes du xviii° siècle.

C'est ailleurs maintenant qu'il faut voir le Corrège,
non plus dans les églises où les œuvres d'art, juchées
à la coupole, enfouies en quelque chapelle close ou
mal éclairée, ne se laissent apprécier que difficilement
dans le détail ; au Musée du moins, je pourrai les
contempler à loisir. — Je passe en une autre région
de la ville, qui fut jadis le quartier seigneurial et
princier, vastes espaces plantés d'arbres, larges
emplacements vides, sur lesquels un soleil impitoyable darde ses rayons. En cette première semaine de
septembre, il fait atrocement chaud en Italie ; ce n'est
point, m'assure-t-on, la température habituelle dans
la région septentrionale de la Péninsule ; l'Europe
entière en souffre dans le même moment ; il faut se
résigner, mais cette chaleur insolite fait tomber les
ardeurs, et paralyse les bonnes volontés. Voici la
Préfecture, jadis Palais ducal, puis la *Pilotta*, vaste
bâtiment percé d'une voûte qui donne accès à une cour
exigüe ; au delà, la petite rivière de la Parma coulant
sur un terrain marécageux ; enfin le Jardin public,
jadis Jardin du Palais ; en quelques traits, les linéaments d'une petite capitale déchue. Le Musée des
Antiquités, l'Académie de peinture ont trouvé asile
à la Pilotta ; cette dernière surtout m'intéresse : je
vais à loisir admirer les Corrège.

Ils sont nombreux, et émergent d'une riche collection qui ferait la fortune de tout musée. Cette peinture italienne me séduit et me charme ; je ne l'ai
point contemplée depuis huit années ; dans l'intervalle, l'école flamande, l'école hollandaise tour à tour
m'ont séduit, l'une par la vigueur et l'ampleur de ses
formes, rehaussées par la magnificence du coloris,
l'autre par le réalisme de ses scènes, son naturalisme
à outrance, sa scrupuleuse observation de la vie vécue.
Puis les peintres espagnols m'ont captivé, les Velaz-
quez, les Murillo, dérivant, il est vrai, dans une
certaine mesure, et des Flandres et de l'Italie ; à ce
point de vue, ils constituent transition heureuse. Et
voici que je me laisse prendre de nouveau à cette
peinture élégante et douce, à cette beauté des formes,
à cette harmonie suave dans laquelle ne retentit aucune note dissonante : les impressions sont moins
vives, je le veux, mais combien charmantes et repo-
santes, même dans les scènes desquelles, semble-t-il,
quelque émotion sinon d'horreur, du moins de
frayeur, devrait se dégager ! Ce n'est point la réalité,
dira-t-on ; au surplus, elle n'est pas toujours belle à
voir, et il est si bon de vivre, ne fût-ce que quelques
instants, dans l'illusion ; or les Madones, les Enfants
Jésus, les Saints et Saintes nous plongent en plein
idéal, et le talent du Corrège n'est point pour nous
en faire sortir.

Voici la *Madonna della Scodella*, soit la *Vierge à
l'écuelle* : une mère assise sur le gazon puisant de
l'eau à la source voisine, un père debout, drapé, descendant lui aussi vers la source, après avoir attaché
son âne à un piquet; entre eux deux, comme servant
de lien, un délicieux enfant qui d'un côté tend la
main au père, de l'autre caresse doucement le bras

de la mère, et sollicite sa part du breuvage; tout cela charmant, suave, sans effort, plein d'une douce et riante émotion. La Vierge contemple son *bambino* avec une rayonnante expression de tendresse; l'enfant aux boucles blondes est délicieux d'espièglerie ; l'homme est assurément de visage vulgaire, mais quelle bonne expression dans sa bouche souriante, dans les regards qu'il darde sur les deux êtres qui lui sont chers ! Rien de divin sans doute en tout ceci, car la scène est commune, et les expressions de visage n'ont aucun caractère surnaturel; peut-être pourrait-on appliquer au Corrège ce qui me frappait il y a trois ans dans Murillo : c'est qu'il a reproduit simplement les types qu'il avait sous les yeux, en les idéalisant dans une certaine mesure. Ce trio néanmoins est séduisant; les figures ressortent claires et brillantes, nous sommes attendris, touchés, doucement émus, et c'est déjà pour l'artiste un triomphe appréciable, car il n'a point cherché davantage. — Et les accessoires de la scène principale, le ciel radieux vers lequel s'envole un groupe d'anges, les transitions délicates dans les lumières et les ombres, le paysage boisé en un ton vert foncé sur lequel se détache au mieux la blancheur des chairs, tout cet ensemble est délicieux; ce n'est point assurément œuvre de génie, mais c'est œuvre de talent, du talent le plus délicat ; les yeux, l'esprit sont charmés sans fatigue, et nous n'espérions ni ne désirions autre chose. — La Madone à l'écuelle est de 1528 ; l'artiste y est dans la plénitude de ses moyens, en complet épanouissement viril.

La Madone dite *de Saint Jérôme* est plus jeune de quelques années, 1524-1526, mais, avec semblables moyens, elle produit une impression analogue. La di-

vine Mère encore, et son *bambino* auquel un ange
souriant présente un livre ouvert comme pour lui
donner une leçon de lecture ; saint Jérôme, vigoureuse
académie de vieillard chenu, se dresse en spectateur
bienveillant et muet de la scène : on a critiqué sa pose
contournée, l'exagération des muscles de ses bras, de
ses jambes ; à ses côtés son lion pacifique. Au premier
plan, une délicieuse Madeleine aux cheveux blonds
flottants, se penche en une attitude pleine de câline-
rie pour baiser le délicat pied nu de l'enfant ; Jésus,
dans un mouvement de grâce enfantine, pose sa main
sur la tête de la pécheresse, et dans le même temps,
sur le livre ouvert, il lit le pardon accordé à celle qui
a beaucoup aimé. Quoique personnage accessoire,
celle-ci a, dans sa pose en pleine lumière, dans l'expression de son visage, tant de grâce, tant de con-
viction émue et tendre, que les regards se fixent sur
elle et s'en détachent à grand'peine, comme y cherchant et y trouvant l'idée essentielle du tableau. A
l'arrière-plan, suivant la tradition italienne, le paysage verdoyant et boisé, colline bleuâtre mollement
arrondie, temple à colonnade étincelant de blancheur.
— Le tableau fut au Louvre jusqu'en 1815.

Nous connaissons une autre *Madeleine* du Corrège,
celle du Musée de Dresde, toute profane avec son
idée religieuse ; le corps est amoureusement couché
sur le gazon, le buste est nu, les charmes point voi-
lés ; il y a dans la pose plus d'élégance que de tristesse,
plus de volupté que de repentir ; on verrait plus volontiers dans le livre ouvert en la lecture duquel s'absorbe la pécheresse, un recueil du Décaméron que
l'Imitation de Jésus-Christ ou les sept Psaumes de
la Pénitence ; c'est un ressaut des idées profanes, auxquelles le peintre suave a grand'peine de s'arracher.

Moins calme, moins reposante que celles que nous venons de voir, devrait être la scène représentée au troisième tableau du Corrège, *le Martyre de saint Placide et de sainte Flavie*. A cet énoncé tragique, nous entrevoyons une œuvre de tristesse poignante et de terreur ; les Flandres nous ont habitués à ces raffinements de torture : mais ici, avec le Corrège au moins, rien de semblable à redouter. La scène se passe au milieu d'une nature riche et gracieuse ; des cadavres, des têtes détachées du tronc jonchent déjà le sol, mais sans horreur sanglante. A chacun des martyrs est attaché un tortionnaire : chez ceux-ci la pose est académique et suffisamment naturelle ; les muscles saillissent avec vigueur ; dans son Saint Jérôme déjà, l'artiste nous a prouvé qu'il s'entend à représenter le nu ; mais là s'arrète la vraisemblance, car aucune férocité ne ressort de la physionomie des bourreaux, seulement une expression presque de bienveillance, d'attention à remplir convenablement la mission de mort. Quant aux victimes, l'attitude du Saint est toute de béatitude et de résignation ; les mains croisées, les yeux levés au ciel, le visage transfiguré, il attend la mort sans terreur. Plus frappante encore est l'expression marquée sur le visage de la Sainte : elle est charmante et gracieuse, avec ses cheveux blonds épars, la bouche souriante, le regard tourné vers le ciel, ou plutôt vers son bourreau, sans terreur, sans tristesse, les bras étendus à demi, avec une grâce presque enfantine ; aucune contraction de visage ni de muscle, insensibilité complète à la douleur, et cependant déjà le fer s'enfonce dans ses flancs... Ici, quelles que soient les dispositions admiratives, il est impossible de ne point juger la scène idéalisée outre mesure ; mais on s'habitue vite à ce calme, à cette douceur, de même que dans les Flandres, on prend bientôt son parti des horreurs les plus sanglantes, des vulgarités les plus accentuées ; il y a exagération, se dit-on, dans l'un comme dans l'autre sens ; cette placidité dans le martyre est assurément contraire à la vérité ; mais après tout nous sommes charmés, et n'est-ce point là pour le moment l'essentiel ?

Ainsi prend son parti le touriste éclectique qui, à défaut de génie, s'attache surtout à l'art de la pose, et se laisse captiver par le coloris merveilleux. — Le Musée de Parme renferme encore d'autres attractions, celles-ci particulièrement historiques : c'est la série des portraits des Farnèse, puis quelques portraits des Bourbons, ducs de Parme jusqu'à leur expulsion en 1859, enfin celui d'une duchesse qui, avant de régner à Parme, fut quelques années souveraine d'un grand empire, je veux parler de Marie-Louise. Physionomie étrange dans l'Histoire, à laquelle s'attache la curiosité assurément, mais non la sympathie : elle est fille des Césars ; subitement la politique la jette dans les bras d'un soldat couronné ; ce soldat est pour elle plein d'attentions et de prévenances, il l'entoure d'une splendeur, d'une gloire sans pareilles ; il se fait accepter, en apparence tout au moins, peut-être en réalité, car il ne semble pas que cette Autrichienne, que nous jugeons passive et molle, ait souffert dans ses affections, dans son orgueil, qu'elle ait eu la tentation de pleurer son sort ; elle devient mère... Tout cela ne serait-il qu'un rêve ? on le croirait du moins, lorsqu'on voit, quelques années plus tard, cette même femme, souveraine heureuse d'un petit pays, tout entière sous l'influence d'un général autrichien qu'on lui a donné comme surveillant, et

qu'elle prend pour amant, en attendant qu'elle puisse
en faire son époux. Cette même femme redevient
mère, même avant le second mariage ; elle a tout
oublié, ou du moins ne cherche point à se ressouvenir ; elle est heureuse et passive, et ne laisse pas à
sa mort mauvais renom dans le cœur de son petit
peuple. Etrange personnalité ! Etrange destinée !...
J'ai hâte de contempler le portrait. Il n'est pas sans
mérite, et doit être ressemblant, mais il n'est point
tel que je l'attendais ; ce n'est à aucun degré l'Allemande fraîche et rose, sans autre expression que la
banalité, que nous représente l'Histoire, mais bien
une dame élégante, amincie, de haute distinction,
ayant à la vérité une expression dans le visage, mais
cette expression est celle de la coquetterie et du ro-
manesque. Peut-être ainsi l'a façonnée Neipperg, ha-
bile, intelligent et insinuant ; ce borgne qui, nous
assure-t-on, était un ardent admirateur de Napoléon
(Henry Prior, *Aperçu militaire sur la bataille de Marengo*), a réussi dans sa mission qui était de faire
taire de fâcheux souvenirs, et, par surcroît, il a su se
faire aimer : le monument funéraire conservé en la
chapelle Saint-Louis du couvent de Saint-Paul, en est
la preuve palpable.

Ce souvenir, au surplus, ne suffirait point à m'attirer vers Saint-Paul, si je ne devais y retrouver les
fresques du Corrège. Exécutées dans un monastère
de nonnes, pour le compte et par ordre de l'abbesse,
elles détonent quelque peu, car elles ne représentent
que sujets profanes et mythologiques, Diane, Adonis,
les Amours, les Grâces ; mais la fréquentation des
musées italiens nous rend de moins en moins exi-
geants pour la réalité et la couleur locale ; nous nous
contentons d'admirer le talent, et à l'occasion le génie,

partout où ils se rencontrent ; et ici encore, dans cette
œuvre de jeunesse du Corrège, nous sommes délicatement charmés. —Sur cette dernière impression se
clôt mon séjour à Parme.

L'impression est bonne au demeurant, et n'était la
très forte chaleur, je serais pleinement enchanté de
mon voyage en Italie. La population y est aimable,
obligeante et douce, rien de l'âpreté des contrées du
Nord, rien non plus de la dignité morose dans laquelle se renferme souvent l'Espagnol ; ici la poli-
tesse est exquise, et comporte même une nuance
d'obséquiosité ; néanmoins la tourbe des solliciteurs
de pourboires et *bonnes mains* qui gravite en tous
pays autour de l'étranger, n'y est point obsédante, et
se contente de faibles largesses ; la mendicité est
loin d'être agressive comme en Espagne ; ce peuple
a d'ailleurs peu de besoins, ainsi qu'il convient en
toute région méridionale ; il n'est point malheureux ;
l'aspect général est celui d'un pays prospère. —
Telles sont les remarques diverses que je suis ap-
pelé à formuler au passage. Une observation qui
s'impose également, dans un ordre d'idées différent,
est la constante et déplorable inexactitude dans le
départ des trains ; il y a peu d'exemples qu'un train
se mette en marche sans une heure de retard ; il ne
cherche nullement, par une accélération de vitesse, à
combler cette lacune en cours de route ; le voyageur
qui compte sur une correspondance risque souvent
de se trouver déçu.

De Parme à Bologne, la voie ferrée poursuit sa route
le long de la Voie Emilienne ; Reggio, Modène, jadis
comme Parme petite capitale. Aux approches de Bo-

logne, la végétation atteint une richesse exubérante ;
tout le long des champs cultivés, dans la plus grande
largeur, s'alignent des rangées d'ormeaux rattachés
les uns aux autres par des guirlandes verdoyantes ;
le coup d'œil est des plus pittoresques ; *ulmo ma-
ritata vitis*, me dira quelques jours plus tard un charmant jeune abbé, mon compagnon de voyage ; et les
souvenirs de Virgile, d'Horace de se presser à ma
mémoire : les hommes changent, les traditions per-
sistent, et avec elles les cultures gardent leur physionomie. Nous franchissons le Reno, qui mêle son
cours inférieur au delta du Pô. Voici Bologne, grande
ville de 130.000 habitants, illustre dans la politique,
dans les arts, dans les sciences, jadis ardemment ré-
fractaire à la domination pontificale, aujourd'hui élégante et animée, une des plus belles cités de l'Italie,
avec une individualité, une physionomie très particulières : églises anciennes, nombreux palais, tours singulières, longues et belles rues neuves bien alignées,
petites rues étroites et contournées, les unes comme
les autres bordées d'arcades qui, aux heures chaudes
de la journée, constituent promenoir à souhait. Après
Milan, j'établis à Bologne mon quartier général ; le
jour se passe en visites archéologiques, soit dans la
cité même, soit aux environs, à Ferrare, à Ravenne ;
et le soir, sous les belles arcades de la *via* Ugo Bassi,
je contemple le mouvement élégant en savourant
quelque *granito*. Il n'est pas jusqu'aux hôtels qui,
dans cette noble cité, n'aient leur part de pittoresque
et de souvenirs historiques : l'hôtel Pellegrino reven-
dique, non sans raison, le titre de palais ; il fut bâti
en l'an 1500, affirme la tradition, et rappelle par une
inscription en lettres d'or le séjour que Byron fit
sous ses lambris en 1819, et d'où il gagna Ravenne,

dernière étape avant la Grèce où il chercha et trouva
la mort. A Ravenne également, je rencontrerai la trace
du poète grand seigneur et misanthrope. J'ai fait
moi-même, il y a huit ans déjà, court séjour au palais
Pellegrino ; mais ce passage n'est et ne sera, pour
cause, rememoré par aucune inscription.

C'est donc ma seconde station en la capitale des
Romagnes ; j'ai vu, je reverrai avec un peu plus de
fruit cette fois. L'esprit, en effet, s'élève et s'affine
sans cesse en voyageant, jusqu'à ce que, par un fatal
retour, il s'affaisse et tombe en la décrépitude finale.

Le centre historique, demeuré centre social et politique de la cité, est à la Place Victor-Emmanuel,
jadis *Piazza Maggiore*, et à son annexe la Place de
Neptune. Autour de ce vaste ensemble découvert
gravitent toute une série d'édifices publics, Palais
municipal, Palais du Podestat, Eglise San-Petronio,
Portico dei Banchi, passage couvert garni de magasins, nombre de boutiques et échoppes entretenant
la couleur locale, attirant et maintenant près d'elles
la foule des affaires et des oisifs ; tout un ensemble
éminemment pittoresque, auquel la façade crénelée
des palais donne une note archaïque et féodale. On y
trouverait volontiers un souvenir de la Place de la
Seigneurie de Florence, et la colossale statue de Neptune surmontant la fontaine rappelle sa sœur floren-
tine avec d'autant plus de vraisemblance, que toutes
deux sont œuvre de Jean de Bologne, ou tout au
moins d'artistes de son école ; toutes deux, imitation
bien pâle de Michel-Ange, ont une affectation de colossal, de monstrueux que leur blancheur éclatante
rend encore plus flagrante sans la rendre plus
louable.

Dans le détail, le Palais municipal présente, à la fa-

çade, une statue en bronze de Grégoire XIII ; à l'intérieur, un escalier monumental dessiné par Bramante, des galeries et salles bien décorées. Le Palais
du Podestat éveille le souvenir du *bel Enzio*, fils
naturel et chéri de Frédéric II, qui demeura prisonnier à Bologne, jusqu'à sa mort, pendant vingt-deux
ans, consolé, dit-on, par l'amour de la belle Lucie
Vendagoli, de laquelle descendraient les Bentivoglio.
Le nom du bel Enzio est resté populaire à Bologne ;
j'en retrouverai la trace. — L'église *San-Petronio*,
de style gothique toscan, commencée à la fin du xıv^e
siècle, n'a point été achevée ; la façade, délicatement
ornée de marbre blanc au soubassement et autour
des portes, se continue par un mur droit d'affligeante
nudité, et un fronton bas à deux rampants ; sombre
et sinistre, elle ne présente qu'une seule ouverture.
C'est là le fâcheux système extérieur de revêtement
par pellicule décorative, qui triomphe dans nombre
d'églises italiennes (H. Chabeuf, *Tivoli et la Villa
Hadriana*, *Mémoires de l'Académie de Dijon*. T. IX),
heureux quand il ne se borne pas, comme ici, à une
simple amorce. Consignons d'ailleurs à cet endroit
une remarque qui a son importance, car nous avons
fréquemment en Italie occasion de l'appliquer, c'est
que la véritable architecture gothique n'existe guère
au delà des Alpes, sauf au Dôme de Milan. Ce style,
étranger aux régions méridionales, y fut importé tout
formé, et n'y résulta pas comme en France des progrès de l'architecture romane ; par suite, on ne peut
en suivre en Italie le développement graduel. Il ne
sut point se soustraire aux modifications nationales ; il
se transforme à ce point, que tel élément qui devrait
faire corps avec l'édifice, est rabaissé au rang de simple
décoration. La voûte ogivale se maintient, mais les

(1) L'Italie n'accepta l'architecture gothique qu'avec une sorte de
répugnance. Les constructions gothiques y ont quelque chose d'em-
prunté dans leur physionomie ; il semble qu'on aperçoive, sous leurs
formes ogivales, la charpente des édifices latins ; les grandes lignes
horizontales de l'architecture antique y conservent autant d'importance que les lignes perpendiculaires. La façade des églises n'a pas
ces pignons élancés que nous remarquons dans nos monuments religieux, mais un fronton à large base) *Batissier, Histoire de l'art
monumental dans l'antiquité et au moyen-âge*, p. 666).

lignes horizontales sont prépondérantes ; la largeur se développe étrangement au détriment de la hauteur ; on abuse des dais, des tourelles, des frontons bas ; par contre, les arcs-boutants formant saillie, les tours surmontant la façade ou lui étant intimement liées, font le plus souvent défaut, ou du moins se transforment en campaniles. Ces caractéristiques que nous notons à San-Petronio, nous les relevons de même aux églises de Florence, au Dôme, à Santa-Croce, à Santa-Maria-Novella. On a voulu, et c'est là l'excuse principale des architectes italiens, mettre l'art gothique en rapport avec le ciel et l'architecture du pays, surtout avec le caractère du peuple, peu enclin à la rêverie qu'engendre le développement indéfini des lignes verticales.

Ceci posé, et cette remarque était nécessaire, pénétrons à l'intérieur de San-Petronio. Une nef de largeur énorme avec collatéraux et rangée de chapelles, chœur surélevé surplombant la crypte, baldaquin (*ciborio*) surmontant le maître-autel en avant du chœur ; à toutes les chapelles, nombreuses attractions artistiques, clôtures de marbre, fresques, tableaux, vitraux, sculptures. Le principal attrait pour nous, Français, se trouve à la chapelle Baciocchi, où sont enterrés la princesse Elisa, sœur de Napoléon, son mari, et trois de leurs enfants.

Les églises sont nombreuses à Bologne, et présentent des intérêts divers. La plus curieuse est certainement *San-Stefano* ou mieux les *Sept-Eglises*, bizarrerie architecturale, encore plus historique, où tous les styles, toutes les époques semblent s'être donné rendez-vous. Sous le vocable général de San-Stefano, et sur l'emplacement d'un temple d'Isis, se sont en réalité groupés sept sanctuaires, enchevêtrés

les uns dans les autres, et cependant formant effectivé-
ment sept églises distinctes. Trois d'entre elles ont
leur entrée sur la rue, soit d'abord l'église principale, du xviie siècle en sa forme actuelle, avec chaire
extérieure du xiie à son antique façade ; puis à sa
gauche, la Rotonde, *San-Sepolcro*, des premiers
siècles de l'ère chrétienne, avec, en son milieu, un
puits-chaire en marbre extérieurement revêtu d'ornements en terre cuite qui forment mosaïque ; et à
gauche encore, la troisième église, *San-Pietro-è-
Paolo*, récemment restaurée, offrant dans le détail
d'étranges attractions : chapiteau roman ionique, vieux
sarcophage chrétien du ixe siècle, formant autel et
renfermant les reliques de Saint Vital, crucifix ac-
costé de paons, autre sarcophage de martyr, etc. —
Les quatre autres églises sont en arrière, en mélange
confus, encastrées soit les unes dans les autres, soit
dans les constructions extérieures. On évolue au
hasard, le fil conducteur n'est point facile à trouver.
Deux cours intérieures facilitent quelque peu la
recherche, ou tout au moins rompent un instant cet
enchevêtrement : la première, *Atrio de Pilato*, date
du xie siècle ; elle est entourée d'enfeux ornés de
fresques, et montre en son centre des fonts baptismaux
dont l'inscription mentionne le roi lombard Luitprand,
premier conquérant de Ravenne, mort en 744. Dans
la seconde cour carrée de faible dimension, dominée
par de hauts bâtiments, un cloître du xie siècle
à deux étages ; le rez-de-chaussée, voûté, bas, présente de larges arcades en plein cintre retombant
sur des colonnes de médiocre hauteur ; l'étage supérieur, à charpente apparente, est entouré de petites
arcades cintrées qui reposent sur de gracieuses colonnettes ; au centre, un puits à la margelle fruste, soit

un ensemble d'antiquité vénérable, plein de grâce et
de simplicité, agrémenté d'une délicieuse fraîcheur
qui invite au recueillement et à la rêverie. Il est
ainsi dans l'existence errante du touriste, quelques
oasis de calme reposant, où l'on s'arrête un instant,
où l'on souhaiterait demeurer ; ce charme archaïque
me pénètre ; je demeure appuyé contre la retombée
des arcades, esquissant un vague croquis, rêvant
et ratiocinant, à peine effleuré par les rares et fugi-
tives ombres de visiteurs, qui surgissent à l'extrémité du cloître, et disparaissent en la porte basse de
quelqu'une des Sept Eglises. — La quatrième, crypte
ou *confession* du xie, est exactement placée sous le
chœur de la première. Les trois dernières se massent
autour de *l'Atrio*, chapelles plutôt qu'églises, tant sont
exigües leurs dimensions, tant en est compliquée la
recherche, l'une dite *della Consolazione*, une autre
della Trinità, celle-ci entourée de piliers et présentant en son milieu une rangée de colonnes à chapiteaux byzantins ; la dernière, innommée, est décorée
d'un Crucifiement du Francia. Chacun de ces sanctuaires, en effet, possède son attraction petite ou
grande, et la patience du visiteur n'est pas sans
rencontrer d'amples dédommagements artistiques.

Et les églises se succèdent : Saint-Jacques-le-Ma-
jeur, Saint-Martin-le-Majeur, Saint-Barthélemy, le
Dôme, toutes en général d'époque Renaissance, ou
modernisées dans ce dernier style, à une seule nef avec
chapelles latérales ; chacune d'elles présentant quelque
attraction spéciale, artistique ou décorative ; mais ces
attractions foisonnent en Italie, et l'on ne s'arrête
plus qu'aux particularités vraiment essentielles. Le
Dôme, immense nef voûtée en berceau, n'a point la valeur archéologique de San-Petronio, mais il en impose

par la majesté et l'éclat de sa décoration. Toutes ces églises italiennes sont claires et animées, tout au moins par les rayons du soleil se jouant sur la riche ornementation ; combien différentes des cathédrales espagnoles, sombres à désespérer le visiteur ! Elles ne sont pas abandonnées, et ne revêtent pas l'aspect de tombeaux ; le fidèle y vient aux heures chaudes de la journée, y chercher un peu de fraîcheur, — je l'ai déjà noté à Milan, — voire même prier ; quelques bancs, de rares prie-Dieu au seuil des chapelles ; et la belle dame en mantille, l'humble *popolana*, fillette au foulard artistement noué, se tiennent agenouillées ou assises, priant, s'éventant lentement, peut-être même sommeillant, *sacra quies.....* Honni soit qui mal y pense ! Mon impression, je le répète, est plutôt favorable à la piété italienne, sentiment que je n'avais pas éprouvé à mes précédents voyages. Y aurait-il un renouveau ? on pourrait faire à ce sujet de multiples réflexions ; *sed non est hic locus.....*

Dans ce quartier central de Bologne, à la croisée des belles et longues rues de Castiglione, San-Stefano, Mazzini, San-Vitale, Zamboni, se dressent deux singulières silhouettes, éminemment populaires, sorte de *palladium* de la cité, et devant lesquelles ne saurait passer aucun visiteur sans les honorer d'un regard étonné et admiratif. Elles sont en effet étranges et inexplicables, les *due Torri*, les deux tours Asinelli et Garisenda, élevant vers la nue leurs gigantesques troncs de pyramides quadrangulaires, inclinées l'une vers l'autre comme désireuses de se rencontrer, et cependant divergeant l'une de l'autre dans leur inclinaison, les seules tours *penchées* qui aient été vraisemblablement construites à dessein, ce qui est un joli tour de force au début du XII° siècle, car

il est admis que l'inclinaison de la Tour de Pise est
due à un fléchissement de terrain. Notons pour mieux
fixer la comparaison, que la Tour de Pise a 54 m.
50 de hauteur, et qu'elle dévie de la verticale de
4 m. 50 ; les fondations ayant cédé, on ne chercha
pas à la redresser, mais on reprit la verticale à partir du cinquième étage. — A Bologne, les deux tours
portent le nom de leurs constructeurs. Asinelli, élevée en 1105, a 97 m. 50 de hauteur et 1 m. 20 de
déviation en dehors de la verticale ; elle n'est point
sans élégance dans sa sveltesse relative, et revêt un
certain caractère artistique par sa colonnade et son
crénelage du rez-de-chaussée, lequel crénelage se
reproduit au sommet avec mâchicoulis. Garisenda, sa
cadette de cinq ans, moins élancée, plus massive
et plus fruste, d'allures gauches, est demeurée ina-
chevée ; elle n'a que 49 m. 60 de hauteur, mais elle
est inclinée de 3 m. 04. L'impression à l'aspect
de toutes deux est étrange ; le touriste n'a encore
rien vu de semblable à ces deux monstres déviés de
la verticale, chancelant sans pouvoir se redresser.
J'eus jadis la tentation d'escalader les 447 marches
qui conduisent au sommet d'Asinelli ; l'espoir d'un
vaste horizon, et surtout l'originalité de l'ascension
me tentaient ; mais je ne pus parvenir à m'en faire
ouvrir la porte ; depuis lors, la perspective d'une
ascension en obscurité complète, car les jours sont
plus que rares, par un escalier malaisé et branlant,
cette perspective m'a notablement refroidi, et cette
fois je me contente, pygmée infime, de dévisager d'en
bas les deux colosses.

Une autre attraction, celle-ci franchement artistique, est tout près de là, au *Palazzo della Mercan-
zia*, actuellement Tribunal de Commerce, charmant

édifice gothique construit en 1294, assure-t-on, et restauré en 1439 par les Bentivoglio. La construction en briques noircies par le temps offre au rez-de-chaussée un porche largement ouvert, à la façon de la *Loggia dei Lanzi* de Florence, dont l'image, toutes proportions gardées, revient à ma mémoire. La façade s'égaie par des médaillons garnis de figurines, par une chaire gothique que surmonte un dais en pyramide aigüe finement dentelée, par des fenêtres en tiers-point délicatement ajourées, et se termine par une frise ornementée et crénelée. L'ensemble est gracieux ; il s'enlève en pleine valeur à la croisée de larges rues, et repose avantageusement l'œil du promeneur. La flânerie est agréable, au long de ces arcades dallées, relativement fraîches malgré la chaleur du jour, absolument silencieuses, car, à part le Français fourvoyé, les figures humaines s'y font rares. Le Bolonais *lézarde* et discute près de la statue de Neptune, au seuil de San-Petronio, et mieux encore il demeure chez lui, au fond de ces habitations hermétiquement closes d'une grille sous le porche, mais laissant cependant entrevoir la colonnade intérieure avec fraîcheur et fontaine, quelque chose comme les *patios* espagnols.

Deux églises encore m'attirent en des quartiers excentriques : — c'est, au sud de la cité, sur la place Galilée, *San-Domenico*, grande et belle église romane du xii⁰ siècle, presque entièrement reconstruite au xviii⁰, trois nefs et transsept avec coupole. A l'intérieur, la chapelle Saint-Dominique renferme le tombeau du Saint, un sarcophage en marbre blanc décoré de bas-reliefs et de statues dont certaines passent pour être l'œuvre de Michel-Ange : ailleurs, le tombeau du Guide, le monument funéraire de la famille

Volta dont un des membres fut le célèbre phy-
sicien, des tableaux du Guide, des Carrache. Pour
moi, l'intérêt historique se concentre tout entier au
bras gauche du transsept, sur un ensemble décoratif
rappelant la mémoire de celui qui fut le *bel Enzio* ;
j'ai déjà rencontré son souvenir au Palais du Podestat ; je le retrouve ici, et toute ma compassion s'attache à cet infortuné, poétisé par son idéale beauté et
par ses malheurs. Le fils d'ailleurs rappelle invinciblement le nom du père, qui fut dans l'Histoire une
figure extraordinaire, digne, sinon de sympathie, du
moins de curiosité et d'intérêt. Fils de l'Empereur
d'Allemagne Henri VI, Frédéric II est, malgré sa
longue ascendance masculine, aussi peu allemand
que possible ; il a du sang italien dans les veines,
par sa mère Constance fille de Roger II, roi de Naples
et de Sicile ; il a fait toute son éducation en Italie,
et remplace son père sur le trône de Naples, après
l'éviction de la dynastie normande en 1197. Vingt
ans plus tard, en 1218, il est proclamé Empereur
par l'influence souveraine du Pape Innocent III
son tuteur. Il vient à peine en Allemagne, s'attache
à l'Italie, ne la quitte un instant en 1228, que
contraint et forcé pour conduire en Palestine la deu-
xième Croisade, où il paraît beaucoup moins en chrétien qu'en politique.

Ces atermoiements lui ont aliéné l'esprit du Pape,
et amené contre lui la formation de la Ligue lombarde.
Il s'allie au féroce Eccelin, tyran de Padoue, bat les
confédérés à la Melloria, voit son fils chéri Enzio
vaincu à son tour à Fossalta, et conduit prisonnier à
Bologne où sa captivité ne prendra fin qu'avec sa vie.
Cet échec le conduit au désespoir: « Je rachèterais,
crie-t-il, la liberté de mon fils au prix de mon sang ! »

Chassé de la Lombardie, excommunié, cité devant le
Concile, Frédéric s'obstine en une lutte implacable
et féroce. Retiré au fond de la péninsule, dans la forteresse de Lucera au dessus de Foggia, il s'entoure
d'une garde sarrasine, vit lui-même en musulman, se-
mant autour de lui la terreur, ne descendant de son
aire que pour quelque expédition dévastatrice. Intelligence supérieure avec des vices raffinés, sceptique
en politique et en religion, esprit singulièrement cul-
tivé pour son temps, il se pique d'exercer les arts
comme la poésie, d'être un maître en architecture;
les plans du château de Capoue sont de lui; à lui est
due la construction de plus d'une forteresse haut per-
chée dans les Pouilles, sur les contreforts de l'Apennin. Cette existence misérable et heurtée, en lutte
sans trève contre l'Italie entière, au ban de toute la
Chrétienté, prend fin en 1250; mais elle se prolonge
dans la mémoire populaire; aujourd'hui encore, Frédéric II nous apparaît le front ceint d'une auréole
diabolique.

Tel est l'homme dont le souvenir est évoqué à
San-Domenico de Bologne, à côté de son fils chéri.
Un médaillon en marbre blanc représente un jeune
guerrier casqué, d'une beauté idéale, avec la légende
Hentius rex; et au-dessus, une plaque commémorative
porte une longue inscription latine, dont la demi-obs-
curité ne me permet de saisir que quelques mots :
*Cæsar Fridericus Romanorum imperator... Sardiniæ
et Corsicæ rex..... à Bononiis capitur.... Senatus Bo-
noniensis jussu..... ossa Regis Hentii.* — Sur la place
au pourtour de l'église, se dressent deux hautes colonnes portant la Vierge et saint Dominique, et deux
mausolées du XIIIᵉ siècle, recouverts de baldaquins,
dont le plus important, sous double rangée de co-

lonnes, est celui de Rolandino Passegieri, mort dans la lutte contre Frédéric II.

Ces monuments funéraires, en pleine place publique, produisent un effet bizarre ; j'en retrouve quelques instants plus tard un nouvel exemple à *San-Francesco*. Belle église du xiv° siècle, de style gothique toscan comme San-Petronio ; à la façade, riche arcade ogivale en forte saillie encadrant la porte principale ; contreforts de faible relief, plutôt bandes lombardes, s'élevant jusqu'au faîte ; longues et étroites baies surmontées de trois oculus, fronton bas à deux rampants ; puis deux hautes tours carrées au transsept ; enfin abside polygonale soutenue par de puissants arcs-boutants, présentant les bandes lombardes, un cordon d'oculus, et la corniche en dents de scie, cette abside flanquée d'absidioles carrées. — A l'intérieur, grande et belle nef gothique, avec un superbe rétable en pierre du xiv° siècle sur le maître-autel ; dans l'ensemble, un beau monument qui, tout en revêtant le caractère du style gothique toscan, a conservé mieux que ses congénères italiens les éléments essentiels du gothique primitif. Et cependant, il est désaffecté et converti en magasin militaire ; certes il méritait mieux que cette appropriation. — Sur la place même, comme à San-Domenico, trois sarcophages hissés sur colonnes et surmontés de leurs baldaquins pyramidaux.

J'ai plaisir à faire le tour de l'abside, à en noter les diverses particularités architecturales. Mais bientôt un spectacle plus réaliste me distrait de mon examen : c'est le marché en plein vent, vieilles ferrailles, chiffons, faïences, cuivreries, tout un bric-à-brac qui n'a sans doute pas grande importance, mais qui est plein de couleur locale, et où le touriste avisé, ne

craignant pas de se surcharger outre mesure, pourrait faire quelque trouvaille heureuse. Il y a toujours
intérêt à surprendre sur le vif cette vie populaire si
intense dans les régions méridionales, bruyante, mais
sans grossièreté agressive, sauf les cas exceptionnels
dont nous fîmes jadis en Espagne la fâcheuse expérience.

J'ai réservé pour le dimanche la visite des Musées,
ne prévoyant de ce côté aucun mécompte, et de fait,
je trouve largement ouvert, animé d'un public nombreux, le *Museo civico*, soit une riche collection archéologique, ethnographique, artistique, également
développée sur le terrain religieux et sur le terrain
profane, se prolongeant depuis les temps les plus
reculés jusqu'à nos jours ; pour l'après-midi de
cette chaude journée, il me reste à voir, à l'Académie des Beaux-Arts, le Musée de peinture. C'est pour
moi vieille connaissance, et j'y fis une longue station
à mon voyage de 1898 ; mais je veux m'assurer si le
Musée a progressé, si telle radieuse Sainte Cécile est
toujours en place ; bref, je me promets quelques
heures de régal intellectuel ; aussi la déception n'en
est-elle que plus complète, lorsque, parvenu à deux
heures de l'après-midi devant l'Académie, je constate que les portes viennent de se fermer, et qu'elles
ne s'ouvriront plus de la journée, malgré instances,
supplications et promesses. — La mesure est fâcheuse,
peu démocratique ; la contemplation des chefs-d'œuvre élève incontestablement les esprits, même les
moins préparés par des études ou une éducation an-
térieure ; or, quel meilleur emploi l'homme du peuple peut-il faire de sa journée de repos ? lui fermer
le musée, n'est-ce point le condamner à courir au ca-
baret ? Ce raisonnement a paru convaincant à nos

voisins d'Angleterre, si stricts observateurs cependant du repos dominical ; depuis 1896, les musées de Londres sont ouverts le Dimanche au public ; ils ne le sont que partiellement en Italie ; espérons que bientôt le progrès souhaité sur ce point sera réalisé. N'importe ; ma visite est renvoyée au lendemain matin ; or je quitte Bologne à dix heures, je n'aurai donc que peu de temps pour savourer les chefs-d'œuvre de l'Académie.

Je retrouve le Musée développé, agrandi, embelli ; chaque salle porte le nom du peintre dont elle garde l'œuvre capitale, salle Raphaël, salle des Carrache, salle du Pérugin, salle du Guide, salle du Dominiquin, salle du Francia. Voici la *Sainte Cécile* de Raphaël, une attraction devant laquelle tout autre s'efface, qui est demeurée vivante dans ma mémoire, que je revois avec un recueillement profond, une joie sans mélange. Au premier plan, la jeune Sainte entre Sainte Madeleine et Saint Paul ; elle ramène près d'elle, d'un geste machinal seulement, son orgue dont elle vient de tirer les derniers accents ; elle est en extase, la tête et les yeux levés vers le ciel, comme pour écouter la mélodie que poursuivent en ce moment les anges groupés dans les nuages. Saint Paul, appuyé sur son épée, son menton reposant sur l'autre main, semble abîmé dans une profonde rêverie ; quant à Sainte Madeleine, l'expression de son visage n'est ni extatique ni philosophique, mais simplement gracieuse et paisible, comme en possession de la vérité céleste, et ne cherchant rien au delà ; elle tient à la main le vase de parfums dont elle a oint les pieds du Christ. Moins expressives, moins caractéristiques, sont les figures du second plan, saint Jean l'Évangéliste et saint Augustin ; tout l'intérêt d'ailleurs se concentre sur les personnages du

premier rang, sur les antithèses de leurs physionomies : contraste entre les ardeurs mystiques de sainte
Cécile, transfigurée jusqu'à l'extase, les abstractions
philosophiques de saint Paul et la confiance de la Madeleine ; non moins frappantes sont les oppositions
de couleur : la tunique jaune rehaussée d'or de la
sainte, encadrée par le manteau rouge du philosophe
et le manteau bleu violet de la pécheresse repentie.
C'est là, dans cette savante disposition technique où
l'art se laisse à peine voir, qui apparaît au contraire
toute naturelle, c'est là que triomphe le génie du
peintre, et que, par des artifices de couleur et de pose
à peine sensibles, il arrive à dégager la pensée sur-
humaine, à idéaliser au delà de toute expression une
scène de simplicité parfaite, à réaliser un pur chef-
d'œuvre.

Moins idéale assurément, mais non moins charmante est la *Madone dans une gloire*, du Pérugin, qui
fit partie du Musée Napoléon. *Le Pérugin*, Pietro Van-
nucci (1446-1524), de l'Ecole ombrienne, né à Castello
della Pieve non loin de Pérouse, fut le maître de Raphaël, et l'on retrouve dans la douceur angélique, dans
le charme de ses figures, dans l'impeccabilité de son
dessin, les qualités que l'élève sut mettre plus tard en
relief, en y ajoutant la caractéristique de son génie. Son
Mariage de la Vierge a inspiré le *Spozalizio* de Raphaël :
même disposition des personnages et des accessoires,
sauf le transport de gauche à droite, et inversement,
des deux groupes, jeunes filles et prétendants éconduits. Il convient toutefois de noter plus de raideur,
moins de grâce chez le maître que chez l'élève ; le
grand prêtre notamment revêt l'aspect d'un bonze
thibétain. Le tableau fut au Louvre, avant de faire la
gloire du Musée de Caen.

Le Pérugin est le maître chrétien par excellence ;
on eût pu croire qu'il avait réalisé la perfection, s'il
n'eût eu un élève du nom de Raphaël ; sa manière
de faire joindre les mains aux personnages fut longtemps imitée par le peintre d'Urbin. Le, dessin, chez
lui, est encore timide et primitif ; mais il est presque
supérieur à son élève par la couleur : celle-ci est
pure, brillante ; l'harmonie en est claire et mordante
par l'opposition des tons ; les attitudes sont toutes de
grâce modeste, d'élégance ingénue ; seulement il
manque d'ampleur, de plénitude, de majesté ; on
pourrait souhaiter plus de hardiesse et d'énergie,
plus de variété dans ses poses ; les plis du vêtement
sont conventionnels. On a dit avec raison : « Raphaël
est un Pérugin dépassé ; le Pérugin est un Raphaël
futur. » (Ch. Blanc, *Histoire des Peintres, Ecoles
Italiennes.* T. I, le Pérugin).

La Vierge de Bologne est dans les nues, entourée
d'anges, tenant sur ses genoux l'Enfant divin ; à ses
pieds, sur la terre, saint Michel, saint Jean, sainte
Catherine et sainte Apollonie, tous quatre rangés
sur une même ligne. Le visage de la Vierge est
plein de douce commisération ; saint Jean, vieilli
(c'est le saint Jean de Pathmos), et sainte Catherine
ont les yeux fixés au ciel dans l'extase ; sainte Apollonie, tranquille et réfléchie, se rapprocherait du personnage de sainte Madeleine au tableau de Raphaël ;
quant à saint Michel, charmant éphèbe, tout fier de
son bouclier ciselé, de son armure de chevalier romain, il semble n'avoir aucune préoccupation céleste,
et se contenterait de poser devant l'admiration terres-
tre. L'ensemble est ravissant, le dessin merveilleux,
les physionomies suaves ; mais on y sent trop la con-
vention, l'arrangement ; la symétrie paraît trop ex-

clusivement cherchée et voulue ; les quatre personnages sont comme figés dans leur alignement. Bref,
il manque l'étincelle, que Raphaël saura faire jaillir.

Parlerai-je des tableaux du Guide, un Massacre des
Innocents, un Samson vainqueur des Philistins, un
Saint Sébastien, le sujet universel pour la magnifique
étude de nu qu'il offre au pinceau de l'artiste ? et encore les Madones du Francia, des Carrache, le Saint
Bruno du Guerchin... Ce Musée de Bologne est splendide, point fatiguant dans son étendue restreinte,
plein de toiles choisies, soit une des plus belles collections que conserve l'Italie, vrai régal pour les yeux
par son élégance et son aménagement à souhait ; mais
l'on revient toujours à cette suave Sainte Cécile : c'est
là une de ces images que l'œil cherche à graver profondément dans la mémoire, pour en garder le précieux souvenir.

Ferrare est peu distante au nord de Bologne, une
heure de trajet dans une région basse, amplement arrosée par le Reno, par les embouchures du Pô, Pô
di Volano, Pô di Primaro, et leurs dérivations. Encore une de ces petites capitales qui eurent une place
dans l'histoire, et aujourd'hui vivent sans trop de regret du passé. Les princes de la Maison d'Este ré-
gnèrent à Modène et à Ferrare, et s'acquirent dans
les arts, dans les sciences, une gloire immortelle ;
ils protégèrent le Tasse et l'Arioste. Le souvenir de
ces princes lettrés n'est pas éteint : un château-fort,
une belle cathédrale, un intéressant musée conservent
leur mémoire. — Aux abords immédiats de la gare,
une avenue bordée de terrains marécageux, puis les
quartiers neufs, une large et longue rue débouchant
sur une esplanade où se dresse le Château : vieil édi-

fice carré, flanqué de quatre tours crénelées en ses angles, d'extérieur pittoresque, mais amplement modernisé, ceint de fossés et de verdure. Ce fut la forteresse de la Maison d'Este, par où elle dominait la cité ; dans ses cachots se déroula plus d'une tragédie de famille ; aujourd'hui ces souvenirs n'ont plus qu'une importance historique : les bureaux de la préfecture et du télégraphe s'y sont installés, et tel employé affairé circule, la plume à l'oreille, là où, au xv° siècle, le margrave Nicolas III faisait décapiter sa femme Parisina et son fils naturel Ugo, séducteur de l'infortuné.

Quelques pas plus loin, la statue de Savonarole, un moine libéral qui eut le tort de devancer son siècle. Il était quelque peu hérétique, combattait les Grands, et poussait le zèle religieux jusqu'au fanatisme, condamnant au bûcher tout ce qui, à ses yeux, personnifiait la vanité temporelle. Au feu les vêtements impudiques, les statues et tableaux indécents, les cartes, dés et jeux de hasard ; au feu les objets de toilette, les instruments de musique lascive, les masques, déguisements et autres accessoires de bals et de fêtes ; au feu les livres obscènes et galants, et sous cette rubrique, dans un *auto-da-fé* gigantesque, se trouvent englobés les écrits de Dante, de Boccace et de Pétrarque. Il prétendait ainsi régénérer Florence, et refréner chez elle le culte trop exclusif de la beauté physique, ou tout au moins l'imprégner du sentiment de la beauté morale (1). Ce zèle enflammé et mal pondéré, qui cependant produisait sur les masses un effet extraordinaire de séduction, est assez bien représenté par la pose *agissante* de la statue, la fi-

(1) V. *la crise de la beauté à Florence au XV° siècle*, par Georges Lafenestre, *Revue des deux Mondes* du 1er Décembre 1906.

gure ardente sous le capuchon monastique, les bras
tendus, toute l'allure d'une entrainante prédication.
En politique, il s'appuyait sur la France ; mais le mauvais succès de l'expédition de Charles VIII lui enlève
tout prestige et tout crédit. Abandonné de tous, suc-
combant à la réaction qu'a déchaînée l'outrance de
ses réformes, anathématisé par le Pontife de Rome,
Alexandre Borgia, dont il a signalé les désordres, il
tombe, et, le 23 mai 1398, aux acclamations d'une
foule hurlante, il finit sa vie sur le bûcher, le triste et
dernier argument, *ultima ratio*, de l'époque. — D'une
manière immédiate, le moine rénovateur avait échoué;
ses leçons toutefois n'étaient point perdues, et l'on
peut trouver dans les grandes œuvres italiennes de la
première moitié du XVIe siècle, celles surtout de Raphaël et de Michel-Ange, si éloignées du dilettantisme
mondain, si imprégnées de sublimité, l'expression de
la réaction imaginative et intellectuelle prêchée par
Savonarole.

Le Palais municipal, antique résidence de la Maison
d'Este, quand elle ne se cantonnait pas dans sa forteresse, est précédé d'un fragment de colonnade
antique du plus bel effet ; à l'intérieur, une vaste cour,
un bel escalier recouvert d'une voûte soutenue par
de gracieuses colonnettes. Devant la façade, une
statue de Victor-Emmanuel, le roi *galant homme*,
dont l'effigie équestre, pédestre, se reproduit invariablement en toute cité d'Italie ; souvent elle est en
désaccord complet, historique et artistique, avec le
milieu où elle trône ; cette antithèse, plus qu'ailleurs,
est frappante à Ferrare ; il y aurait bon goût d'éviter
ces contrastes trop heurtés.

Au surplus, par son ampleur, par son mérite architectural, la Cathédrale est à Ferrare l'édifice pré-

dominant : façade grandiose, magnifique échantillon du style roman lombard, précédée de quatre lions accroupis, et percée d'un portail en saillie que décorent de vieux bas-reliefs. Au-dessus, trois étages successifs d'arcades en plein cintre superposées, desquelles se détache, au-dessus du portail, en manière de *loggia*, une avancée de colonnettes où trône la Vierge ; cette avancée surmontée d'un Jugement dernier que couronne un petit fronton à deux rampants accostés de pyramidions. Dans l'ensemble, la façade peut être considérée comme partagée en trois tranches verticales par deux puissants contreforts s'élevant jusqu'au faite, chacune de ces tranches verticales percée en son sommet d'un oculus, et terminée par un fronton à deux rampants le long desquels grimpe intérieurement une quatrième rangée d'arcades. Il est facile de noter dans cette disposition un ressouvenir du Dôme de Parme, et les deux édifices, commencés aux xi°-xii° siècles, continués aux siècles suivants, se trouvent être en effet exactement contemporains l'un de l'autre. L'intérieur, à trois nefs et deux transsepts, a été modernisé.

Au flanc droit de la Cathédrale s'étend la vaste *Piazza del Mercato*, pleine d'animation populaire, couverte en tout temps d'étalages, d'échoppes de modeste apparence. D'un côté, la face latérale du Dôme, à laquelle est accolée une rangée de boutiques formant galerie du plus pittoresque effet ; aucun caractère architectural sans doute, mais refuge à souhait contre les ardeurs du soleil, à l'ombre des rideaux de toile tendus entre les piliers de la galerie ; encore plus d'un de ces piliers présente-t-il quelque intéressant chapiteau dénotant une origine ancienne, et se pliant aujourd'hui à des fonctions utilitaires. De l'autre, un majestueux édifice, *Palazzo della Ragione*, vulgairement Palais de Justice. Le vocable m'avait déjà frappé jadis à Padoue ; fortuné pays où *justice* et *raison* sont synonymes ! A l'extrémité de la *Piazza*, le beau campanile à quatre étages, adjacent à la Cathédrale, bâti au xvi° siècle dans le style de la Renaissance.

Au delà de la *Piazza del Mercato* serpentent de longues rues, mal pavées, sans animation ; c'est le quartier mort, et je m'apercevrai à l'usage qu'il ne fait point disparate sur les autres quartiers de Ferrare. De vieux hôtels à façade en brique avec *patio* et jardin, reflet d'une époque où la ville faisait grande figure ; l'un d'eux surtout attire mon attention d'une façon particulière : il présente à la façade des attributs militaires romains sculptés en haut-relief, des niches garnies de bustes d'hommes célèbres, et une inscription pleine de sagesse, que je crois devoir relever tout entière :

Ne serò sapias, — *Ne spem pretio emas*, — *Omnia ad finem dirigas*, — *Sis delphicæ gladius*, — *Nihil ostentationi*, — *Parùm corpori*, — *Multùm animæ*, — *Omnia Deo*.

Heureux les habitants de cette demeure, s'ils surent conformer leur conduite à de si beaux principes !... A l'intérieur, une cour ceinte d'une colonnade. Vérification faite, c'est simplement le siège d'une association rurale qui rayonne sur les provinces de Modène, Mantoue et Ferrare.

L'Eglise *San-Francesco* est la nécropole de la Maison d'Este. Elle est de la fin du xv° siècle, à trois nefs, avec chapelles latérales voûtées en coupole ; à la colonnade séparant la nef principale des collatéraux court une charmante frise d'enfants et de feuillages.

La majeure partie des tableaux ont été transportés
au Musée où je vais les chercher ; il est relégué au
Palazzo dei Diamanti, en un quartier excentrique et
désert, et la chaleur du milieu de la journée semble
accroître la longueur du trajet. Le Palais est uniformément recouvert de marbres foncés à facettes
biseautées, d'où lui vient son nom : les toiles religieuses du Garofalo (Benvenuto Tisi), de Dosso Dossi,
tous deux de l'école de Raphaël dans la première
moitié du xvi° siècle, en sont la principale attraction.

Peu de souvenirs de l'Arioste subsistent ici. Né à
Reggio, il fut le favori de la Maison d'Este, familier de
la petite cour de Ferrare, et y composa son *Roland
furieux*. La modeste demeure qu'il habitait a été ra-
chetée par la ville ; une vaste place baignée de soleil,
tapissée d'un gazon ras, montre en son milieu une
haute colonne surmontée de la statue du poète. Destinée au xv° siècle à faire partie d'un monument élevé
à la gloire des Este, la colonne porta, de 1810 à 1814,
une statue de Napoléon ; elle sert aujourd'hui de piédestal à l'Arioste, et les rares promeneurs, traversant
l'esplanade solitaire, peuvent une fois de plus de-
viser sur l'instabilité des grandeurs humaines.

De Bologne à Ravenne, trois heures de trajet
que viennent allonger les retards habituels aux che-
mins de fer italiens. J'ai pour compagnon de route
un jeune abbé romain, se rendant comme moi à Ravenne; il entend fort peu le français; mon bagage italien est encore plus modeste : d'un commun accord
nous parlerons latin, et malgré la prononciation dé-
fectueuse que tout jeune Français a retenue de ses
études, prononciation dont il est difficile de se corriger, nous arriverons à nous comprendre. N'est-ce pas

là — j'en faisais il y a quelques mois l'expérience au
cours de mon voyage en Espagne — le meilleur *vola-
pük* ?.. La plaine se poursuit, fertile d'abord et entre-
coupée de rangées symétriques d'ormeaux aux branches desquels s'accroche la vigne; puis, aux abords de
Ravenne, ce sont les marécages sillonnés de canaux
d'eau dormante, les torrents descendus de l'Apennin
qui se raréfient, s'endorment et gagnent paisible-
ment les uns la mer, les autres quelque bras du delta
du Pô. Ravenne enfin, grand nom qui depuis longtemps me tient en éveil, et dont je vais enfin pouvoir
faire, sur le terrain même, l'application.

Il est rare que la physionomie d'une ville ne s'explique point par son passé; pour dégager et comprendre l'âme d'une cité, il faut connaître son histoire;
pour apprécier les monuments de Ravenne, il faut étudier leur raison d'être au triple point de vue archéologique, artistique et historique. Tel est le travail
que tout voyageur doit esquisser à l'avance, sous
peine de se heurter à un spectacle qui demeurera
muet pour son intelligence; et, le voyage terminé, il
convient de reprendre cette étude; elle se fait alors
avec un intérêt d'autant plus vif, et surtout avec un
majeur profit. — Sous la domination romaine, Ravenne
est, depuis Auguste, station et port d'attache de la flotte de l'Adriatique; jusqu'alors inconnue, elle entre
subitement dans l'Histoire; elle a son port militaire,
Classis, son port de commerce, tous deux reliés à la
ville par le long faubourg de Cæsarea. La ville elle-
même s'enrichit de tout ce qui constitue alors l'opu-
lence et la grandeur d'une cité : capitole, temples,
thermes, cirque, théâtres; elle devient florissante, et
bientôt prendra place dans le jeu des événements
contemporains. Sa grandeur politique commence au

début du vᵉ siècle de notre ère, après la mort de Théodose et le partage de l'Empire entre ses deux fils, Ar-
cadius et Honorius ; cette grandeur dure trois siècles
et demi, pendant lesquels émergent trois noms servant chacun à caractériser une période : ceux de la
Romaine Galla Placidia, du Goth Théodoric, du Byzantin Justinien.

L'Italie est alors sous le coup de l'invasion barbare.
Les Goths d'Alaric ont franchi les Alpes ; pendant
que Stilicon leur tient tête, le faible Honorius, qui
n'a pas confiance dans les murailles de Rome,
cherche un lieu de refuge ; son choix se porte sur
Ravenne. La position militaire est en effet inexpu-
gnable : du côté de terre, les lagunes et le cours du
Pô la garantissent de toute surprise, et du côté de
la mer, la voie s'ouvre qui, dans un cas désespéré,
assure refuge et communications faciles avec l'Orient.
Dans cet asile, Honorius reste tapi pendant vingt ans,
assistant à la décomposition de son empire ; Rome est
prise et saccagée par Alaric, qui va mourir au fond de
l'Italie ; son beau-frère et successeur Ataulf épouse
la sœur de l'Empereur, Galla Placidia ; la retraite des
Barbares est achetée par cette union. Ataulf mort,
Placidia épouse Constantius, général d'Honorius, et
son fils monte en 425 sur le trône d'Occident sous le
nom de Valentinien III. Comme sous le précédent
règne, Ravenne sert de refuge au jeune Empereur et
à sa mère, pendant qu'Aétius, comme jadis Stilicon,
défend vaillamment l'Empire. Placidia demeure vingt-
cinq ans à Ravenne ; elle l'embellit, et y laisse, nous
le verrons, un souvenir encore vivant par de nombreuses merveilles artistiques.

En 476, l'Empire d'Occident s'écroule sous les
coups des Hérules. Phénomène étrange, que plus

d'une fois l'Histoire a enregistré ! Ces Barbares
s'assagissent au contact de la civilisation, *Roma
capta ferum victorem cepit*, et deviennent hommes
de Gouvernement. Rome était florissante sous
Odoacre, lorsqu'en 488 les Ostrogoths envahissent
l'Italie ; Théodoric les conduit ; le Hérule vaincu
s'enferme dans Ravenne ; il y brave trois ans les
efforts de l'envahisseur, et ne tombe qu'en 493, assas-
siné par trahison. Ici s'ouvre la seconde phase de
splendeur pour Ravenne : l'Ostrogoth y établit le
siège de son Empire ; il se montre le plus doux, le
plus juste, le plus humain des souverains ; bien
qu'arien, il n'a garde d'opprimer les chrétiens ; la fin
de sa vie seulement sera ensanglantée par des persé-
cutions. A l'égal de Galla Placidia et plus encore
qu'elle, Théodoric a laissé à Ravenne une puissante
et durable empreinte.

Après lui, l'Empire qu'il a fondé périclite et finalement s'écroule, non sans une belle défense. L'Empereur d'Orient Justinien a entrepris de rétablir dans
le monde civilisé l'unité impériale ; il attaque l'Italie.
Dès 536, Bélisaire entre dans Rome; Ravenne est con-
quise en 540; en 553, après des péripéties diverses,
Narsès est maitre de toute la péninsule. C'est la troisième période de gloire qui s'ouvre pour Ravenne, et
c'est aussi la période de plus longue domination : elle
se prolonge pendant 250 ans. Le domaine byzantin se
rétrécit et s'amoindrit dans la péninsule sous les coups
de nouveaux envahisseurs, les Lombards ; en 569, ils
conquièrent l'Italie septentrionale, s'étendent vers
le midi, et viennent battre les remparts de Rome;
Ravenne subsiste comme un ilot de civilisation, sous
le gouvernement de ses Exarques; ils conservent sur
Rome une souveraineté tout au moins nominale, à

laquelle le Souverain Pontife cherche vainement à se dérober. Une première fois Ravenne est occupée par le Lombard Luitprand en 728; l'agresseur lâche prise, mais c'est pour revenir; en 751, la domination byzantine prend fin, et le Lombard Aïstulf (Astolphe) est définitivement maître de Ravenne. — Le génie byzantin venait de donner en Italie une preuve de vitalité dont ses monuments sont l'éclatant reflet, mais qui de plus, au point de vue politique, frappe et étonne ceux qui partagent sur le compte de l'Empire d'Orient les illusions et les erreurs généralement admises; il n'est point superflu de hasarder quelques mots à ce sujet.

Pendant de longs siècles, l'opinion publique, dans l'Occident, n'a guère varié sur le compte de l'Empire de Byzance, et l'a frappé de réprobation unanime. Le Grec, disait-on, est fourbe, dissimulé, de mauvaise foi insigne; son Gouvernement ne présente que faiblesse et cruauté, discordes religieuses et révolutions de Palais; aucun intérêt ne peut aller à ce peuple gangrené ni à ses souverains; son Empire n'est qu'un déplorable reflet de l'Empire romain, et s'achemine infailliblement à la ruine. Les Barbares, mus par un respect traditionnel, s'inclinent encore volontiers devant la majesté du César byzantin; ils acceptent ses honneurs et ses investitures, ses dignités de Patrice, sauf à lui ravir à l'occasion telle partie de ses domaines; mais, avec Charlemagne, tout respect s'efface; l'Occident fait revivre pour son propre compte le titre d'Empereur. — Le schisme de Phothius, en 858, qui détache Byzance de la communion de Rome, creuse d'une façon irrémédiable le fossé entre Orient et Occident; désormais pour tout chrétien, le Byzantin se dresse à l'égal de l'Infidèle. Dans le mou-

vement des Croisades qui porte la chrétienté en Asie,
il n'y a que peu ou point de sympathie pour l'Empire
de Constantinople, et les relations entre Croisés et
Grecs ne s'établissent point de nature à faire naître
cette sympathie : bien plus, à plusieurs reprises, la
perfidie byzantine est rendue responsable de l'in-
succès de l'expédition. Les grandes guerres de la fin
du moyen-âge, notamment la Guerre de Cent ans, dé-
tournent de l'Orient la pensée du monde occidental;
et la chute de la capitale en 1453 éveille à peine
quelques sentiments de regret.

Ainsi peut-on établir dans les grandes lignes, les
rapports entre Orient et Occident pendant dix siècles,
et l'histoire de cette longue période a été jusqu'à
nos jours le reflet de ces appréciations. Les travaux
d'ailleurs étaient rares et clairsemés ; Byzance était
considérée comme peu digne d'intérêt. L'*Histoire du
Bas-Empire* de Lebeau, 1757, manque de critique, et
ne s'impose que par son effroyable longueur, 22 vo-
lumes ; l'honnête et consciencieux Michaud, dans son
Histoire des Croisades de la première moitié du xix°
siècle, ne considère l'Empire de Constantinople qu'au
point de vue de ses rapports avec les foules armées
venues d'Occident ; or ces rapports, vu les caractères
et préjugés de part et d'autre, ne pouvaient être ni
aisés ni cordiaux ; et l'historien, tout en reconnais-
sant combien apparaissaient effrayants et redoutables
ces Croisés venus sous la figure de sauveurs, ne
peut se montrer bien favorable à l'Empire grec.
L'*Histoire du Bas-Empire* du Comte de Ségur, vers
la même époque, est le reflet des mêmes préoccupations : l'ouvrage est écrit avec scrupule et conscience ;
aucun fait important n'est négligé ; de plus, nous y
trouvons ces traits qui caractérisent un événement

ou un personnage, traits que l'on néglige trop aujourd'hui. Mais les sources ne sont pas indiquées
—on ne le faisait guère, il est vrai, à l'époque — ; ni
textes ni documents ne sont mis en œuvre ; la critique historique, les appréciations d'ensemble font
absolument défaut. Enfin et surtout, l'écrivain ne
cherche guère à reviser les jugements généralement
admis ; *le siège est fait*, comme disait l'abbé Vertot,
on ne songe pas à le défaire. « L'Empire d'Orient,
« nous dit textuellement un dictionnaire historique
« contemporain, est surtout remarquable par sa
« longue durée. Ses Annales n'offrent guère qu'une
« suite de crimes, de trahisons et de bassesses ; tout
« occupés de querelles théologiques, les Empereurs
« ne savent pas résister aux Barbares, et l'Empire,
« affaibli de jour en jour par les invasions, les dissen-
« sions intestines et les vices des Princes, périt
« enfin de décrépitude. »

Et cependant un fait s'imposait, qui eût dû depuis
longtemps faire naitre les réflexions, modifier les appréciations, affirmer la nécessité de nouvelles études :
— comment un Empire gangrené comme on nous le
représente, sans moralité ni ressort, entouré d'ennemis qui sans cesse l'attaquent et complotent sa
chute, comment cet Empire a-t-il pu subsister pendant dix siècles ? par quelles ressources cachées son
existence s'est-elle ainsi prolongée ? n'était-il point
doué d'une vitalité à laquelle on n'a pas encore jusqu'à ce jour rendu hommage ? ou bien simplement
a-t-il obéi aux lois de l'Histoire qui faisaient de lui,
contre les Barbares d'Orient, le détenteur et le défen-
seur nécessaire de la civilisation ? — A y regarder de
plus près, on voyait surgir dans cette longue période
historique si obscure et si délaissée, comme des

points lumineux dignes de fixer l'attention et l'intérêt : le grand règne de Justinien et sa poussée con-
quérante vers l'Occident, en vue de reconstituer dans
son intégrité l'Empire romain ; le renouveau de
gloire sous Héraclius, l'épopée de la dynastie macédonienne avec les grands noms de Nicéphore Phocas et de Jean Zimiscès. Les Commènes, à force d'habileté diplomatique, se maintiennent et laissent passer le flot des Croisades ; l'Empire tombe en 1204
sous les coups des Croisés, mais il renaît cinquante
ans plus tard avec les Paléologues ; il se maintient
deux cents ans encore, sans aucun secours de l'Europe, sous les coups de bélier de l'Ottoman, et suc-
combe, non sans gloire, après la plus héroïque défense.

Tels sont les faits qui depuis longtemps s'impo-
saient, et eussent dû modifier la critique historique ;
et encore, le spectre sans cesse renaissant de nos
jours de la question d'Orient et de la chute de l'Empire turc eût dû, dès longtemps aussi, faire comprendre à l'Europe la faute commise en 1453. — Une
réaction s'est enfin produite vers la fin du xixᵉ siècle ; elle se prolonge de nos jours avec une louable
intensité. L'art byzantin en a bénéficié tout le premier ; à vrai dire, la critique moderne, sans lui rendre justice complète, lui avait toujours concédé une
certaine place dans le progrès de l'esprit humain, et
les récents travaux de MM. Bayet, Choisy, Molinier, de
Vogüé, Schlumberger et Diehl, pour ne citer que les
plus connus en France, n'ont fait que remettre cet art
en vraie lumière. Ce mouvement de réparation s'est
également fait jour sur le terrain historique, en
France et à l'étranger, principalement en Italie et en Allemagne ; pour ne parler que de la France, MM. Ram-

baud et Henri Houssaye en des articles de Revues,
d'autres encore, et parmi eux, deux des écrivains que
nous venons de citer, nous ont donné d'intéressantes
et remarquables monographies : M. Schlumberger,
dans *Un Empereur byzantin au Xe siècle, Nicéphore
Phocas*, 1890, fait revivre les grands noms de la dynastie macédonienne ; et M. Charles Diehl, dans son
récent et bel ouvrage, *Justinien et la civilisation byzantine au VIe siècle*, 1901, « permet de juger plus
« équitablement cette histoire et cette civilisation que
« tant de préjugés environnent encore, et de réparer
« la grande injustice historique dont Byzance est de-
« puis tant de siècles la victime. » En effet, à la lecture de ces ouvrages, nous comprenons désormais
ce qui pour nos devanciers demeurait inexplicable.
Il serait à souhaiter qu'un travail d'ensemble vînt
compléter l'œuvre, et en relier les fragments épars ;
le temps y pourvoira ; mais pour le moment, les bases
de ce monument, sinon de réhabilitation, du moins
de justice historique et de remise au point, sont soli-
dement posées.

C'est donc l'épopée byzantine surtout que nous re-
cherchons à Ravenne, car à vrai dire, depuis la
chute de l'Exarchat, Ravenne n'a plus d'histoire :
les Lombards ne font qu'y passer ; dès l'année 754,
le Franc Pépin l'enlève à Astolphe, et la donne au
Souverain Pontife ; Charlemagne ratifie la donation ;
les Empereurs d'Allemagne accordent à la cité leur
faveur et l'honneur de leur visite. Mais la vie com-
merciale s'en éloigne ; le port s'est ensablé, et ne
reçoit plus de vaisseaux ; les relations avec l'Orient
cessent, Classis s'efface devant Venise, et disparait ;
les alluvions constantes du côté de la mer l'ont d'ailleurs reportée à 6 kilomètres dans l'intérieur, et ac-

crû ainsi la distance qui déjà séparait Ravenne de
l'Adriatique. Du côté de terre, la maremme grandis-
sante l'a de même isolée du monde civilisé. Donc Ravenne s'éteint insensiblement, ou du moins ne vit
plus que de la vie religieuse par son archevêché, par
l'établissement de nombreux couvents à l'ombre de
ses basiliques. Dante s'y réfugie, pour oublier les
tristesses du présent en regardant dans le passé, et
mieux encore pour terminer en paix sa Divine Comédie ; il y meurt ; son souvenir lui survit en son
tombeau et aux fresques de *Santa-Maria in porto
fuori*. Boccace y vient aussi, et s'éprend du charme de
la Pineta. Un instant, le nom de Ravenne émerge
encore de l'Histoire : la sanglante bataille de 1512
coûte la vie à Gaston de Foix, et le Français victo-
rieux pille outrageusement la ville ; c'est là le dernier coup ; Ravenne ne se réveille point de ce dé-
sastre, où sombrent une partie des richesses artistiques et archéologiques jusqu'alors échappées à la
ruine. Le xviiie siècle, avec son inconscience coutumière, jette bas ou défigure les plus notables édifices.
Au début du xixe, Ravenne reçoit un visiteur,
un de ces désabusés qui, comme Dante, viennent y
marquer leur dernière étape avant la mort : Byron y
séjourne trois années, auprès de la belle comtesse
Guiccioli : « Il vient s'abattre à Ravenne, au bout de
« son vol, nous dit M. de Vogüé, et ne rentre plus
« dans la vie que pour se sacrifier à quelque grande
« cause désespérée, celle de la Grèce. »
De nos jours, pour obéir au renouveau historique
et artistique dont j'ai parlé, et à la faveur des communications devenues faciles, on rend volontiers visite à Ravenne ; on vient y chercher le reflet le plus
vivace, le plus immédiat de la civilisation byzantine, et

par atavisme, le reflet de la civilisation romaine ; mais aussi et parfois, y rêver, y recueillir les grandes leçons de l'Histoire, évoquer le souvenir de tous ceux dont j'ai cité les noms. Ainsi y vint M. de Vogüé, et son article de la Revue des Deux Mondes du 15 Juin 1893, *A Ravenne*, dans lequel il évoque et fait parler l'âme de l'antique cité, est assurément le plus séduisant compagnon que puisse rêver ici le visiteur ; de même MM. Ch. Diehl, dont le *Ravenne*, à la collection des *Villes d'art célèbres*, est un guide infiniment précieux, de lecture facile, sans érudition fatigante et sans pédanterie ; et Corrado Ricci, le savant conservateur du Musée Brera de Milan, qui dans *Ravenna i suoi dintorni*, décrit Ravenne au point de vue archéologique avec une absolue sûreté d'érudition ; ainsi y viennent encore les visiteurs vulgaires, curieux comme moi des choses d'art et des leçons de l'Histoire.

Aborder Ravenne en chemin de fer ! quel contraste ! quel contre-sens ! mais la vie moderne a ses exigences. Au surplus, dès la sortie de la gare, et malgré le monument de Farini, le dictateur de 1860, qui se dresse devant nous, malgré la banalité de l'avenue qui conduit à la ville, nous sommes saisis, nous nageons en pleine atmosphère de moyen-âge, et cet enchantement ne prendra fin que le soir, dans le waggon qui nous ramènera à Bologne. On a singulièrement abusé des phrases et surtout des épithètes, pour dépeindre la tristesse morne de Ravenne, la solitude et le *vide* de ses rues ; suivant Taine, « il n'est point de ville plus abandonnée, plus misérable, plus déchue, » et Diehl reproduit volontiers cette appréciation. A cette heure en effet, au milieu de la journée, où la chaleur sévit intense, les longues rues mornes sont veuves de toute animation ; pas un habitant au seuil des maisons; le touriste chemine tristement, trébuchant sur le pavé raboteux. Les maisons basses se succèdent, médiocres et uniformes; çà et là quelque église non moins triste, non moins abandonnée; puis les demeures font place aux longs murs moroses de quelque couvent désaffecté. La rue devient ruelle, aboutit à un terrain vague; on se croirait en rase campagne, loin de toute agglomération urbaine; et cependant on n'a point quitté la ville, on continue de cheminer en-dedans de l'enceinte; mais cette enceinte s'est vidée, la vie a reflué vers le centre, encore se prend-on à douter qu'elle puisse s'y être maintenue ..... Telle est la première sensation: *lugubre*, *désolée*, et ces épithètes reviennent sans cesse sous la plume du touriste décrivant ses impressions de route. L'appréciation n'est pas rigoureusement exacte: *ni lugubre ni désolée* n'est Ravenne, nous dit M. de Vogüé; c'est la *douce morte*, la morte sans lutte, sans horreur, sans que la vie qui était en elle ait cherché à réagir contre la dissolution normale; son passé historique est loin, il n'est plus qu'une réalité vague, il n'existe plus guère qu'à l'état de fantôme. Ce n'est même plus la mort. c'est la paix, la paix du cimetière, avec un charme infini, sur des cendres que rien ne vient troubler.....

Je ne développerai pas davantage cette idée qui, à la réflexion, au ressouvenir des sensations qui furent les miennes en cette journée, me semble la seule véritable, la seule rigoureusement exacte. Donc, au gré de notre fantaisie, et sans être assaillis par le mendiant classique, car il semble qu'à Ravenne même il se tienne clos, sans être importunés davantage par le *cicerone* bavard et débordant, nous errons, mon compagnon et moi, dans la ville morte, con-

traints d'élaguer, car une journée ne suffirait point,
réservant notre visite aux monuments qu'il faut avoir
vus, basiliques, baptistères, mausolées, où se retrouve
une parcelle de vie, chimérique, il est vrai, puisqu'elle réside tout entière dans les mosaïques ; mais
cette parcelle suffit pour animer le tombeau ; nulle
part la mort ne nous a paru moins triste, nulle part
elle ne nous a semblé plus sereine. — Peut-être notre visite paraîtra-t-elle dénuée d'ordre et de système ; nous avons vu les monuments à mesure qu'ils se
présentaient, au cours d'un itinéraire que j'avais dû
tracer à l'avance pour éviter les retours en arrière et
les à-coups, toujours pénibles lorsqu'on évolue sur
une étendue considérable de terrain, par une chaleur
accablante. Par suite, mes descriptions manque-
ront quelque peu de logique ; souvent il m'arrivera
de rendre compte d'un monument d'époque postérieure, avant d'avoir visité tel autre édifice antérieur
en date ; l'enchaînement et les déductions archéologiques ne seront pas sans en souffrir ; mais du moins
le lecteur y trouvera un récit se rapprochant le plus
possible de la réalité, sans autre prétention que de
retracer ce que nous avons vu ; à lui incombera la
tâche, si du moins il daigne en prendre la peine, de
relier les membres épars, *membra disjecta*, de ma
description.

C'est à Ravenne qu'il est permis d'étudier le plus
utilement les *basiliques* chrétiennes. Celles de Rome,
tout en leur étant notablem nt antérieures, — la
première d'entre elles, Saint-Jean-de-Latran, est une
basilique païenne convertie en église par Constantin,
soit dans la première motié du ive siècle ; et les
autres, Saint-Laurent-hors-les-murs, Sainte-Marie-

Majeure, Saint-Clément, Saint-Georges-in-Velabro, Sainte-Marie-du-Transtévère, les suivent de près ; Saint-Paul-hors-les-murs, commencée sous Constantin et achevée sous Honorius, était la plus belle et la plus intéressante de toutes, avant d'être entièrement détruite par l'incendie de 1823 ; — celles de Rome, dis-je, ont été toutes plus ou moins remaniées dans la suite des siècles ; les innovations des Souverains Pontifes n'y ont pas toujours été heureuses. Il n'en a pas été ainsi à Ravenne, dont les basiliques n'ont subi que peu de transformations ; elles subsistent dans leurs parties essentielles, telles que les édifia jadis la domination byzantine, héritière directe de la tradition romaine ; bien plus, certaines d'entre elles, par l'état même d'abandon où elles se trouvent, produisent une impression plus frappante et plus caractéristique que leurs sœurs de Rome, en pleine ornementation, en pleine vie. Il semble que ces basiliques ravennates soient en sommeil, mais que la porte en soit prête à s'ouvrir pour donner passage à quelque cortège de l'époque, lequel se retrouverait absolument en son milieu, sans dissonance aucune.

A l'origine, chez les Grecs et les Romains, les *Basiliques* sont des tribunaux où siègent des juges ; plus tard, elles se convertissent en Bourses de commerce, que rhéteurs et jurisconsultes utilisent pour leurs déclamations et leurs consultations juridiques. Toujours construites sur le Forum ou au voisinage des places publiques, elles affectent des formes généralement identiques, qui peuvent se résumer de la manière suivante : — plan rectangulaire, trois fois plus long que large ; murs latéraux percés de fenêtres ; à la façade, généralement un portique ou porche occu-

pé par des marchands. Trois portes d'accès ; capacité
intérieure divisée, dans le sens de la longueur, en
trois parties par une double rangée de colonnes supportant des arcades ; partie centrale de cette nef plus
large et plus haute que les bas-côtés. Au premier
étage, seconde rangée de colonnes bordant une galerie qui règne tout au pourtour de l'édifice, sauf du
côté de l'hémicycle, et qui supporte le plafond, lequel est habituellement en bois ; toutefois on admet
que certaines basiliques ont pu être voûtées. — Les
trois nefs parallèles aboutissent à une allée transversale, *transsept*, surélevée de quelques degrés, et
défendue par une balustrade, *septum* ; là prennent
place les avocats, greffiers et jurisconsultes. Parfois,
enseigne Vitruve, ce transsept prend une grande extension, et déborde en forme de T ; ce trait s'est re-
trouvé dans nos églises. Au-delà du transsept enfin,
et en face de l'allée centrale, l'édifice s'arrondit en
hémicycle, formant supérieurement une calotte
sphérique, la *concha*, que nous dénommons *cul-de-
four* ; là siège le tribunal, composé parfois d'un
grand nombre de juges. Souvent, à droite et à gauche
de cette abside, sont aménagées des salles carrées ou
demi-circulaires, servant d'annexes.

Telle est la Basilique primitive ; voyons maintenant dans quelle mesure et par suite de quelles circonstances elle se trouva appropriée aux besoins du
culte nouveau. — Il est constant que, dès l'origine,
les Chrétiens eurent à Rome, en dehors des
Catacombes, des lieux de réunion et par suite des
temples ; mais, en raison même de leur existence
précaire et de la persécution qui les menaçait sans
cesse, ils ne pouvaient donner à ces églises primiti-
ves un caractère architectural ; rien au surplus n'en

a subsisté. Avec Constantin, la religion chrétienne conquiert la liberté ; sous Théodose, elle devient religion d'Etat, supplantant officiellement le paganisme ; dès lors, il était naturel qu'elle se substituât à lui dans ses propres édifices (Cf. Louis Batissier, *Histoire de l'art monumental dans l'antiquité et au moyen-âge,* 2ᵉ édition, 1860, p. 358 et suiv.). Les Chrétiens toutefois se refusèrent bien souvent à consacrer au culte nouveau les temples païens ; plus tard seulement le Panthéon, le Temple de Minerve et quelques autres devinrent églises chrétiennes; mais dès l'abord, ils cherchèrent pour y installer leurs cérémonies, des édifices qui, tout en étant appropriés par leur forme et leur disposition aux besoins du culte, n'éveillassent en leur esprit aucune idée répugnante. Les Basiliques se présentaient tout naturellement, et furent les premières utilisées : Constantin s'empressa de le faire pour la Basilique Sessorienne et pour celle du Palais de Latran ; bientôt il en fit bâtir d'autres sur le même modèle, et longtemps elles servirent de type dans tous les pays de rite latin. Par extension, on donna bientôt d'une manière spéciale le nom de *Basiliques*, à tous les monuments élevés sur la dépouille des martyrs.

L'adaptation des anciennes Basiliques aux besoins du culte chrétien fut simple et facile. La nef principale et les galeries latérales reçurent les fidèles ; la partie supérieure de la nef centrale, fermée par le *septum* et se prolongeant jusqu'au transscept, fut réservée aux chantres, et devint le *cancellum* ou *schola cantorum* ; elle fut garnie à droite et à gauche d'*ambons* ou pupitres élevés, pour la lecture des Saintes Ecritures. L'autel se plaçait au centre même du transscept, lequel, avec la nef principale, formait croix sim-

bolique ; le prêtre officiait, non point comme plus
tard, et de nos jours encore, le dos tourné aux fidèles, mais bien sur le revers opposé de l'autel, c'est-
à-dire *face au peuple* ; il ne pouvait alors être question de rétables, ni de quelque autre obstacle qui
eût dérobé le célébrant à la vue des assistants ; l'autel
était en réalité une simple table. — Au point le plus
élevé de l'abside, dominant à la fois et l'autel et l'assemblée et les stalles aménagées pour le clergé en
arrière de l'autel, siégeait l'Evêque. Les salles ou absides latérales, à droite et à gauche de l'abside majeure, servent de sacristies ou de lieux de purifica-
tion, et seront l'origine des absidioles. — Donc, en
décomposant l'édifice en ses parties essentielles, il
comprend trois grandes divisions bien distinctes
l'une de l'autre : le portique extérieur, accessible à
tous, même aux infidèles ; la nef réservée aux fidèles, et le sanctuaire où le prêtre seul peut péné-
trer.

Avec le temps, le portique prend de l'extension, se
développe en un vestibule ou *narthex* réservé aux
cathécumènes, que ferment des rideaux, et qui, dans
nos constructions du moyen-âge, spécialement dans
les églises clunisiennes, se clôt complètement au
point de devenir comme une église avancée. Parfois aussi, à l'imitation de la maison romaine, le narthex est précédé d'un quadrilatère environné de por-
tiques, en forme d'*atrium* romain, tel que nous le
voyons à Saint-Clément de Rome et à Saint-Ambroise
de Milan. En cet état, et avec la *confessio* ou crypte
placée sous l'autel, dans laquelle reposent les restes
des martyrs, la Basilique chrétienne est complète ;
elle n'offre que surfaces planes et perpendiculaires,
ne présente au-dessus des murailles nues que la

6

charpente transversale du plafond et du toit ; c'est
une vaste grange construite avec de somptueux matériaux ; mais la simplicité, l'harmonie de ses parties
constitutives lui donnent un air de grandeur auquel
les églises modernes, avec tout leur raffinement architectural, n'ont point atteint. Saint-Ambroise de
Milan, que je visitais les jours précédents, tout en
conservant les linéaments principaux et les grandes
divisions de la Basilique, a vu sa forme primitive altérée sur certains points, notamment en ce qui concerne la voûte, par la restauration du xii⁰ siècle. Saint-
Clément de Rome, plus heureux, nous est parvenu
en sa forme initiale avec tous les éléments constitutifs de la Basilique, et je le visitais jadis avec un intérêt
majeur. Le *cancellum* ou chœur de chant y est demeuré
complet ; nous y retrouvons de plus, ce qui est actuellement fort rare, l'*ambon* à sa place et en sa forme
primitive, accolé aux deux faces latérales de la clôture du *cancellum*, à droite pour la lecture de l'Epitre,
à gauche pour celle de l'Evangile ; celui de droite
carré, simple, bas ; celui de gauche, octogonal, plus
considérable, élevé au-dessus du sol par un escalier
de quelques marches, et flanqué, selon l'usage, du
haut cierge pascal à colonne torse.

J'ai déjà effleuré cette question des *ambons*. Saint-
Clément est, je le répète, une des rares basiliques
où on les retrouve *complets* et *en place*. A Saint-
Laurent-hors-les-murs, les deux ambons existent
encore de même, en face l'un de l'autre avec leur
forme initiale, à peu près en place, celui de droite, à
la vérité, plus élevé que celui de gauche, contraire-
ment à la tradition, ce qui semble indiquer qu'ils
auraient été intervertis ; mais le *cancellum* avec son
septum a disparu. Partout ailleurs, l'ambon a été

transformé ; son emplacement, sa destination, sa
forme ont varié ; à Ravenne, notamment, j'éprouve-
rai de ce chef plus d'un mécompte. Par suite, quelques
lignes ne seront pas superflues pour déterminer
autant que possible ce qu'était primitivement l' ambon.

Le terme dérive, soit du grec ἀμϐαίνειν, monter,
soit du latin *ambo*, deux, parce qu'il y avait deux
escaliers l'un à droite l'autre à gauche de la tribune, soit encore du grec ἀμϐων, lieu élevé ; il était
de forme variable, octogone ou carré, en marbre,
comme la clôture elle-même du *cancellum* à
laquelle il s'appuyait extérieurement, orné de sculptures et de mosaïques. En général il y en a deux,
comme nous l'avons vu jadis à Saint-Clément de
Rome ; quelquefois trois, le troisième pour la réci-
tation des psaumes. — Plus tard, l'ambon se modifie,
change de destination et de forme, voire même de
nom (*Dictionnaire d'Archéologie chrétienne et de
liturgie de dom Cabrol*, p. 1330 et suiv.); les diacres y
lisent les lettres de paix et de communion, y publient
les communications officielles, les miracles, les lettres
des évêques, les décrets des Conciles ; l'évêque lui-
même y monte pour parler au peuple. — Sans quitter
le *cancellum*, l'ambon se transforme parfois en une
construction qui sépare complètement le sanctuaire
de la nef, et ferme le chœur de chant (Batissier,
*Histoire de l'art monumental dans l'antiquité et au
moyen-âge*, p. 368); il est alors muni d'un seul
pupitre au milieu, et accompagné de deux portes
latérales, ou bien de deux pupitres entre lesquels il
y a une porte ouverte sur l'axe de la nef ; là appa-
raîtrait l'origine du Jubé. — Plus souvent enfin il
devient unique, se déplace complètement, et occupe

la droite ou la gauche de la nef principale, accolé à
un pilier, reposant lui-même sur des colonnettes.
Nous l'avons vu ainsi à Saint-Ambroise de Milan,
remplissant dans ce cas le rôle d'une véritable chaire ;
à *San-Cesareo in Palatio* de Rome, il est double, et
joue encore le même rôle, accolé au mur à droite et
à gauche de la nef unique ; de même à *Santa-Maria
in Cosmedin*, qui a conservé deux beaux ambons à
droite et à gauche de la grande nef, avec le cierge
pascal ; nous allons le voir également, mais simple, à
Ravenne, à *San-Apollinare nuovo*. Ou bien encore il se
place au centre même de l'édifice, sous la coupole, et
acquiert la valeur d'un monument ; ainsi se compor-
tait l'ambon demi-circulaire de Saint-Georges de
Salonique, et encore celui de Sainte-Sophie de Constantinople, tribune octogonale à deux étages en
retrait successif, élevée sur piliers, surmontée d'un
dais en forme de dôme, revêtue de plaques d'or et
d'argent, d'ivoire et de pierres précieuses. On pense
que l'ambon de Saint-Marc de Venise serait l'identification, ou du moins la répétition de celui de Sainte-
Sophie (dom Cabrol, *loc. cit.*) — Le nom enfin se
modifie dans la suite des âges, à ce point que le
terme primitif d'*ambon* disparaît. Je le constate moi-
même, dans ma visite à Ravenne, et cette expression
démodée ne dit plus rien à l'esprit de mon compagnon de voyage, jeune prêtre remarquablement intelligent et instruit ; il prend d'abord les noms grecs
de Βῆψα, de πυργος ; puis il devient le *lectorium*, le *gra-
dus*, d'où le terme de *graduel* aux prières de la messe,
le *pulpitum*, du pupitre qui le meuble. En Italie, le
terme de *pulpito* est actuellement le plus usité. De
même, en français, c'est le *lettrier*, le *pupitre*, et le
vocable même de *jubé* apparaît, avant l'extension

considérable que recevra postérieurement la clôture
du chœur.

Cette digression un peu longue était nécessaire,
pour mieux comprendre et mieux apprécier les basiliques de Ravenne. Nous ne les trouverons pas assurément toutes conformes au type intégral que je viens
de décrire : la domination arienne, la lourde main
du temps, le pillage de 1512, les transformations et
modifications successives, notamment celles du xviii°
siècle, les ont altérées, et ont fait disparaître une
partie de leurs éléments constitutifs ; le resserrement
de la vie religieuse et sociale a amené l'abandon d'un
certain nombre d'entre elles ; celles-ci sont peut-être
les plus favorisées et les plus intéressantes, car nous
les retrouvons au moins telles qu'elles se compor-
taient à une époque déjà reculée.

Ceci dit, j'entreprends la visite de Ravenne.

Notre première station est pour la petite église
San-Spirito, difficilement abordable, encastrée qu'elle
est dans d'infimes demeures particulières, au milieu
d'un enchevêtrement de ruelles et impasses. Elle fut
construite par Théodoric pour les Ariens : le monarque ostrogoth ne persécutait pas le Christianisme,
mais il tenait à l'hérésie, et entendait la mettre au
même rang que le culte orthodoxe. Elle est précédée
d'un narthex, ou plutôt d'un portique avec colonnade
en plein cintre ; à l'intérieur, plan nettement basilical : trois nefs avec chapelles latérales du seul côté
gauche ; plafond horizontal ; quatorze colonnes de
marbre, abside en cul-de-four. L'antique parure de
ses mosaïques a disparu en majeure partie ; elle ne
conserve que quelques chapiteaux anciens avec
feuilles d'acanthe, volutes et linéaments en faible re-

lief; coussinet taillé en biseau, et décoré sur l'une de ses faces seulement d'une croix entourée de feuillage.

Je note ici le premier exemple de ces *coussinets*, tailloirs considérablement développés en hauteur (1), qui nous apparaissent comme une des caractéristiques de l'architecture byzantine. M. de Rossi a montré que ce type ne remonte pas à Byzance, et qu'il se rencontre à Rome dès les iv°-v° siècles ; mais l'art oriental se l'appropria promptement. C'est surtout au vi° siècle qu'il prit son essor, et les édifices de Ravenne nous le présentent en plein épanouissement. On peut admettre que cette forme fut motivée par les conditions nouvelles dans lesquelles se construisirent alors les monuments chrétiens : les architectes bâtissant leurs églises avec des débris empruntés aux temples païens, trouvaient dans ce nouveau membre architectural un moyen de racheter la hauteur inégale des colonnes qu'ils employaient ; ils regagnaient la dimension qui leur manquait, en donnant plus ou moins d'élévation au tailloir du chapiteau. Ce mode que nous retrouverons ici à Saint-Jean-l'Evangéliste, à Saint-Vital et aux deux *San-Apollinare*, existe aussi à Rome, notamment à Saint-Laurent-hors-les-murs et à *San-Stefano rotondo* ; de même en France à la chapelle souterraine de l'église Saint-Laurent de Grenoble (*la Chapelle Saint-Laurent de Grenoble*, par MM. Marcel Raymond et Charles Giraud, *Bulletin archéologique du Comité des travaux historiques et scientifiques*, année 1893, fasc. I, p. 9). — D'une manière générale, l'ornementation en est

(1) *Abaque* ou *tailloir*, tablette couronnant le chapiteau de la colonne, et destinée à recevoir la retombée des arcs; elle vient en aide au chapiteau pour équilibrer le porte-à-faux du sommier sur la colonne (Viollet-le-Duc, *Dictionnaire de l'Architecture*, T. I p. 1.)

simple ; le plus souvent même, le coussinet-tailloir
est fruste ; s'il est orné, c'est d'une croix entourée de
feuillage, une croix avec monogramme, une croix
accostée de deux animaux, agneaux, chevaux, oiseaux,
ou bien encore une croix simple ; à Saint-Vital seulement, c'est-à-dire à une date relativement postérieure, nous rencontrerons aux coussinets une ornementation plus complète.

Un intérêt majeur s'attache au petit sanctuaire
voisin, *Santa-Maria in Cosmedin*, qui fut un baptistère arien. — Les *Baptistères* sont des édifices dé-
pendant des basiliques, sis à leur voisinage immédiat,
et dans lesquels les enfants et les nouveaux convertis
recevaient le sacrement du Baptème. Dans le principe, en effet, le baptême s'administrait en dehors de
l'église avec solennité, seulement à certaines grandes fêtes, Pâques, la Pentecôte ; Clovis fut baptisé
le jour de Noël. Au xi° siècle, l'usage de baptiser les
enfants immédiatement après leur naissance prévalut
contre les décisions des Conciles, et les fonts baptismaux, de dimensions bien inférieures à celles des baptistères, furent introduits dans les églises. Primitivement le baptême était donné par *aspersion* ; il le fut
ensuite par *infusion*, enfin par *immersion*, et ce
dernier usage se continua pendant tout le moyen-
âge. Les Ariens plongeaient trois fois le cathécumè-
ne dans l'eau, pour montrer qu'il y a trois natures aussi bien que trois personnes en Dieu (Viollet-le-Duc,
Dictionnaire de l'Architecture, T. V p.533.) — Les Baptistères étaient octogones, carrés ou circulaires ; au
centre se dressait le bassin, *lavacrum* ; tout autour,
des bancs pour les cathécumènes ; ils étaient en général consacrés à Saint Jean-Baptiste. Un des plus
beaux qui nous aient été conservés est celui de la Ca-

thédrale de Ravenne que nous verrons dans un instant ; il est antérieur au Baptistère arien, car il est
de la seconde moitié du ıvᵉ siècle. Théodoric, en
faisant construire ce dernier au début du vᵉ, se borna
à reproduire dans leur composition, avec quelques
modifications de détail, les mosaïques du Baptistère
orthodoxe. A l'un comme à l'autre baptistères, les
mosaïques placées à la coupole présentent un médaillon central qui figure le Baptème, du Christ et une
zône circulaire renfermant les images des Apôtres.
Au monument arien, le fond est uniformément doré ;
Saint Jean pose la main sur la tète du Christ plongé
à mi-corps dans le Jourdain ; le fleuve lui-même est
personnifié par un vieillard assis tenant un roseau à
la main ; les Apôtres, séparés les uns des autres par
des palmiers, convergent tous dans leur mouvement
circulaire vers un autel surmonté d'une croix, mais
leurs attitudes sont gauches et monotones ; les personnages de la scène centrale sont mal dessinés ;
l'invention est mince, et le coloris pauvre ; le monument, dans son ensemble, est médiocre et mesquin.
Nous verrons dans un instant, au Baptistère orthodoxe, combien le modèle est supérieur à l'imitation
qu'on en a voulu faire.

San-Apollinare nuovo fut construit vers l'an 500, sous
le règne et par l'initiative de Théodoric, comme cathédrale arienne ; il fut plus tard rendu au culte orthodoxe par Justinien, qui en modifia et compléta la
décoration. L'église échangea son nom primitif de
S. Martinus in cælo aureo, qu'elle tirait de sa voûte
resplendissante d'or, contre le nom nouveau, lorsqu'elle reçut les reliques de Saint Apollinaire, disciple
de Saint Pierre, transférées de *San-Apollinare in classe*. Extérieurement, portique ou narthex ouvert,

comme à San-Spirito ; de même, façade et fronton trian-
gulaire bas, sans ornements, percés de rares ouvertures ; comme à toutes les églises de Ravenne, rien
au-dehors qui puisse faire pressentir les splendeurs
du dedans ; le gigantesque campanile qui flanque le
narthex, est de date postérieure, soit du VIII° ou IX°
siècle(1). — L'intérieur présente au regard de cette sobriété le plus absolu contraste ; il est, sauf une partie des mosaïques, l'œuvre de Théodoric. Le Souverain goth, dont l'éducation à la cour de Constantinople avait développé les goûts artistiques, entreprit
d'embellir Ravenne, et de lui imprimer sa marque
personnelle. A vrai dire, il trouvait déjà l'œuvre commencée : sans tenir compte des édifices romains qui
ne pouvaient, à cette date, avoir tous succombé à la
ruine, Ravenne possédait déjà la basilique Saint-
Ours, ainsi que les monuments élevés au cours du V°
siècle par Galla Placidia, soit son mausolée et le Baptistère orthodoxe ; il n'avait donc qu'à suivre ces modèles, et il y réussit avec l'aide de nombreux artistes mandés de Constantinople. — Le type est exclusivement basilical : trois nefs séparées les unes des

(1) Ces campaniles ravennates, de forme cylindrique, notamment
ceux de *San-Apollinare nuovo* et de *San-Apollinare in classe*, qui
semblent couvrir de leur protection le sanctuaire voisin, ne peuvent
être rattachés au plan original des basiliques, et ont d'ailleurs été
élevés à une époque postérieure, VIII-IX° siècles. Ils présentent une
analogie frappante avec les *Tours rondes*, si nombreuses en Irlande,
sur l'origine desquelles on a longtemps discuté. Comme les campaniles, les Tours rondes se trouvent toutes placées à proximité immédiate d'un édifice religieux, église ou monastère ; par le mode de
leur construction, par le petit nombre de leurs ouvertures, portes et
fenêtres, difficilement accessibles de l'extérieur, elles revêtent, de
même que les campaniles, un incontestable caractère de défense et
de protection à l'égard de l'édifice qu'elles accompagnent. Les plus
anciennes de ces tours remontent au X° siècle, c'est-à-dire à une
époque légèrement postérieure à leurs congénères de Ravenne ; elles
n'en diffèrent guère qu'en un point, la forme légèrement *tronconique*
qu'elles affectent ; aussi est-on actuellement d'accord pour y reconnaître une influence byzantine (Martel, *Irlande et Cavernes anglaises*,
p. 78-80).

autres par vingt-quatre colonnes de marbre ; à droite, dans l'entre-colonnement, un ambon-chaire en mar- bre, de décoration sobre, *pulpitum*, *non ambon*, disais-je à mon compagnon ; le collatéral droit bordé d'autels, tandis que le collatéral gauche est garni de chapelles ; l'abside remaniée et transformée, de même que le plafond dont le ciel d'or a disparu pour faire place à des caissons ; chapiteaux corin- thiens un peu lourds, avec le caractéristique coussi- net byzantin, fruste, timbré d'une croix. La nef est grandiose, et produit une impression puissante ; et cette sensation devient toute de charme, lorsque le regard, après avoir erré à travers la double rangée de vingt-quatre colonnes, se reporte et se fixe sur la triple série de mosaïques, à chaque côté de la nef principale.

L'art de la mosaïque remonte aux temps les plus an- ciens (Batissier, *Histoire de l'art monumental dans l'antiquité et au moyen-âge, passim*). Né chez les Orien- taux, il passe en Egypte, et de là en Grèce ; les Ro- mains l'empruntent aux Grecs, avec l'ensemble de leur art décoratif ; jusque là, les petits cubes de mo- saïque sont de pierre ou de marbre, et ne servent qu'à orner le pavement. Sous l'Empire, le cube de verre commence à apparaître ; la mosaïque figure dans la décoration des toits, des murailles ; mais son emploi ne devient réellement important, que lorsque l'Empire romain s'oriente nettement vers Byzance. De riches mosaïques décorent le Palais de Dioclétien à Spalato ; à partir du règne de Constantin, la mo- saïque joue un rôle capital dans l'ornementation des édifices religieux ; elle brille sur fond d'or, repré- sente des paysages, des marines, des animaux, des chasses ; c'est le triomphe des architectes néo-grecs

de Byzance, et ce mode de décoration ne cesse de s'accentuer aux siècles suivants. Il acquiert un rare degré
de perfection ; nous pouvons en juger à Ravenne par
la décoration de *San-Apollinare nuovo*, et dans un
instant par celle de Saint-Vital. — Il faut toutefois se
rendre compte des difficultés que présente d'une manière générale la pratique de cet art, et combien il
est peu aisé, avec de petits cubes de pierre ou de
verre juxtaposés les uns aux autres, de rendre non-
seulement les attitudes, mais encore les expressions
de visage ; combien surtout les dégradations de tons
dans la perspective sont difficiles à obtenir ; la mosaïque, ne l'oublions pas, est faite surtout pour être
vue *de loin*. On peut noter de plus que le coloris de
celles de Théodoric et de Justinien est moins beau que
celui des mosaïques du v° siècle ; enfin et surtout on
peut faire grief au formalisme byzantin et à l'étiquette
de cour, dont l'effet est d'uniformiser de plus en plus
les attitudes, les expressions de visage, comme si tout
être humain devait rester invariablement impassible
devant Dieu et devant le Souverain, représentant de
Dieu sur la terre.

Ceci posé, rendons à l'œuvre des artistes byzantins
l'hommage qui leur est dû, et voyons dans le détail
comment, à *San-Apollinare nuovo*, se décompose leur
œuvre. La note d'ensemble est un étincellement d'or
à travers lequel évoluent les personnages. Ils s'alignent en trois longues rangées sur chacune des faces
de la nef principale : la zône inférieure comprend
deux longues processions, l'une de Saints, l'autre de
Saintes, sortant des remparts de Ravenne et de Classis : les uns comme les autres portent des couronnes,
et s'acheminent d'un pas uniforme vers le Christ,
vers la Vierge et l'enfant Jésus, lesquels trônent en-

tourés d'anges à l'extrémité opposée de la composition. La tête du Christ est belle et expressive ; celle
de la Vierge est atone, conforme au type byzantin ;
rien à dire des physionomies des Anges, au front
ceint de bandelettes, drapés dans de longs costumes
blancs. Les physionomies des Saints, bien que d'un art
médiocre, présentent des diversités frappantes d'âge
et d'expression : celles des Saintes sont absolument
uniformes, et leurs poses identiques. Combien charmantes sont-elles néanmoins avec leurs costumes
éclatants, d'une pompe tout orientale, longs vêtements brodés d'or et de perles, petites mitres d'or
d'où pend un léger voile blanc, bijoux et pierreries
scintillants, et, avec cela, leurs jolies têtes auréolées
d'or se penchant légèrement comme en un mouvement
d'ensemble, tout à la fois avec une gravité solennelle
et une grâce sans pareille ! On évoque bien naturellement le souvenir de la frise des Panathénées.

Mais le spectacle le plus intéressant, le plus précieux, car il constitue un monument historique de
haute valeur, c'est la double silhouette des deux villes :
Classis ouvrant vers la terre ferme par une large porte
flanquée de tours, laissant voir derrière ses hautes
murailles un amphithéâtre, un portique, une basilique,
un arc triomphal ; Ravenne avec ses principaux monuments, Saint-Vital, *San-Apollinare nuovo*, le Baptistère arien, et surtout, au premier plan, la longue
façade du Palais de Théodoric, tout étincelante d'or,
ornée de riches tentures et de guirlandes de fleurs.
Ici, l'illusion est complète ; pour un peu, elle dégé-
nèrerait en hallucination : il semble que ces jolies
femmes, figées dans un canon hiératique, et que décorent des noms de Saintes, Eulalie, Agnès, Agathe,
Pélagie, Euphémie, vont subitement s'animer, re-

prendre vie, et peupler la solitude dorée de ce merveilleux Palais.

La seconde rangée, entre les fenêtres, est toute de figures de saints, de prophètes, d'apôtres, reposant sur fond d'or ; et à la troisième, une série de petits tableaux représentent les miracles et la Passion du Christ. Dans cette dernière série, le Sauveur figure sous des aspects différents, imberbe avant sa Passion, barbu dès que commencent les phases successives de son épopée douloureuse ; nombre de ces scènes dérivent de l'art chrétien primitif, et semblent détachées des peintures des Catacombes et des bas-reliefs des sarcophages. Il a été possible d'ailleurs de départager les mosaïques dans leur ensemble, et de les séparer en deux groupes d'époque et d'inspiration distinctes : les deux rangées supérieures, et les figurations de Ravenne et de Classis datent du règne de Théodoric ; au contraire, les deux processions de la région inférieure doivent être reportées au règne de Justinien. On fit alors disparaître tout ce qui réflétait l'hérésie arienne, tout ce qui rappelait le grand nom de Théodoric. L'influence orientale, assez effacée aux rangées supérieures, apparaît ici nettement, surtout aux deux groupes du Christ et de la Vierge, si byzantins d'attitude, de type et de costume.

Ce partage ainsi fait entre les influences et les époques, il ne reste plus qu'à formuler l'appréciation d'ensemble : elle est entièrement conforme à celle que, dès l'avance, je notais plus haut, à savoir que, dans le détail, il convient de ne point se montrer trop exigeant ni pointilleux, que les physionomies valent surtout par le charme qui s'en dégage ; que l'effet d'ensemble, en tenant compte des difficultés auxquelles se heurtait l'artiste, est incontestable et profond ;

qu'enfin, au point de vue archéologique et ethnographique, ces mosaïques constituent un document infiniment précieux. Je formulerai avec plus d'énergie encore cette conclusion, dans un instant, en face des mosaïques de Saint-Vital.

Le *Palais de Théodoric* est près de là, ou du moins le fragment d'édifice qui porte ce nom, car l'identification n'en est pas certaine; nous n'y retrouvons pas, en effet, le plan de façade que nous conserve la mosaïque de *San-Apollinare nuovo*; peut-être faut-il y voir seulement la résidence des Exarques byzantins. Au surplus, la bâtisse est bien de composition romaine, avec des influences pré-byzantines très apparentes : haute porte massive se prolongeant en voûte avec coupole en son milieu, et surmontée d'une *loggia*; double série d'arcades au rez-de-chaussée et au premier étage, supportées par des colonnes de marbre; celles de l'étage supérieur, plutôt arcatures qu'arcades, font prévoir la *corniche en dents de scie* qui caractérisera l'architecture lombarde, de même que les bandes qui descendent en puissant relief le long de la façade, annoncent par avance les *bandes lombardes*, autre caractéristique de la même architecture. — Ce n'est évidemment qu'un décor derrière lequel se trouvait quelque chose; or, ce quelque chose a disparu, il n'en reste aucune trace. Jadis Charlemagne, pour embellir sa résidence d'Aix-la-Chapelle, y fit transporter colonnes et objets d'art provenant du Palais de Théodoric; ce vandalisme s'est continué, et ne nous a laissé qu'une ruine. N'importe; cette évocation est intéressante, et nous conduit à une constatation nécessaire; il est un point en effet sur lequel, à Ravenne, il importe d'insister : bien que la domination byzantine y ait, d'une manière incontes-

table, frappé son empreinte, — pouvait-il en être
autrement, pendant une suprématie de deux siècles?
—cette domination n'a fait que se superposer, mieux
encore, se juxtaposer à la domination romaine. Une
Ravenne, fille de Rome, existait de longue date avec
tous les linéaments de la cité ; les plus anciens monuments qu'elle nous conserve actuellement, ceux de
Galla Placidia, dérivent de Rome et des Catacombes ; toutefois il y est déjà fait appel, dans une large
mesure, à l'ornementation byzantine. Théodoric subit
la même influence ; il accepte les types architecturaux romains, soit à son palais, soit à son tombeau.
Les basiliques ont pour modèles celles de Rome ; à
la vérité, l'ornementation byzantine, évoquée par
Théodoric, s'en saisit, s'en empare, et se glisse dans
le moule. Elle ne se traduit pas seulement par les
mosaïques, dont l'époque de Galla Placidia a déjà
fait à Ravenne un ample usage ; toute la décoration
architecturale reflète cette même influence : nous la
notons aux chapiteaux dont le feuillage atteint en largeur un développement inusité ; de même dans le
pointillage des feuilles d'acanthe qui les ornent, et
à l'ample coussinet timbré d'une croix qui les surmonte ; nous la relevons de même à ces entrelacs, à ces arabesques, à ces fonds dorés reflétant dès maintenant
une influence orientale. Plus tard, cette décoration,
devenue prédominante, se complique d'influences
syriennes et alexandrines, et, avec Justinien, de nouveaux types architecturaux s'imposent, dont Saint-
Vital est le plus parfait modèle. C'est ainsi que se
constitue et se complète à Ravenne la physionomie
byzantine qu'on ne saurait toutefois, sans erreur, représenter comme absolument prédominante ; il convient de distinguer, et je tenais, avant d'aller plus
loin, à formuler cette observation.

Un instant nous abandonnons ces époques loin-
taines, ce début du moyen-âge, pour arriver d'un
seul bond aux xıııᵉ-xıvᵉ siècles ; une ombre a surgi
et s'est interposée devant nous, la seule qui puisse
à Ravenne, dit fort bien M. de Vogüé, lutter de pair
avec la grande ombre de l'empire romano-byzantin ;
cette ombre est celle de Dante. Il naît à Florence en
Mai 1265 ; son nom véritable est *Durante* Alighieri ;
guelfe ardent, c'est·à dire partisan des libertés italiennes, il occupe un haut rang dans sa patrie ; en
1300, il est un des *prieurs* ou magistrats suprêmes de
Florence. Exilé en 1302, il erre de ville en ville, à
Sienne, à Vérone, à Padoue, un instant à Paris (1308),
tout entier en apparence à la politique, à ses lamen-
tations contre l'ingratitude de ses concitoyens, mais
posant déjà les bases de son grand ouvrage, de celui
qui lui assure l'immortalité, la *Divine Comédie*. Il a
été marié, a perdu sa femme ; de ses six enfants, il
ne lui reste que deux fils et une fille, Béatrice. A
bout de forces, désabusé, désillusionné, mort avant
la tombe, il se refugie à Ravenne où le couvre la
protection de Guido da Polenta, seigneur de la cité ;
il y met la dernière main à sa grande œuvre et meurt
en 1321. Ses traits nous sont conservés, à *Santa-Maria in porto fuori*, en une fresque douteuse du xıvᵉ
siècle, vaguement attribuée à son ami Giotto. Il fut
enterré avec pompe, mais sa dépouille attendit plus
de deux cents ans l'honneur d'un monument. Ce monument fut construit enfin en 1483 près de la petite
église *San-Francesco* ; plus tard, il fut restauré et
couvert d'un dôme, et le six-centième jubilé du poète
fut célébré en 1895. — C'est, à l'extrémité d'une petite place déserte, plantée d'arbres, une construction
carrée de faible dimension, surmontée d'une coupole;

à l'intérieur, vis-à-vis de l'entrée, en haut relief dans une niche carrée, le buste de Dante, en contemplation devant un pupitre, la main posée sur une table ; au-dessous, le sarcophage renfermant les restes du poète, retrouvés par un heureux hasard l'année même de son jubilé, et l'épitaphe qu'il composa lui-même, dit-on, pour rappeler sa destinée errante, ses chants, l'ingratitude de sa patrie, le repos qu'avant de retourner au Ciel, près de son créateur, il trouve dans le séjour meilleur de Ravenne. Le latin en est médiocre, mais nous ne sommes point à une époque de haute latinité, et l'on peut attribuer d'une manière certaine au poète d'autres vers qui ne sont ni meilleurs ni plus mauvais que ceux de l'épitaphe... Quoi qu'il en soit, le renouveau qui s'attache à Dante en son pays est de bon augure ; il y a en Italie un mouvement *dantesque*, comme chez nous une littérature *moliéresque*, et en Angleterre un cycle *shakespearien* ; gloire aux peuples qui savent honorer leurs grands hommes ! Et pour ne noter qu'un seul point, depuis longtemps déjà on a reconnu la *Béatrice* du poète en une charmante jeune fille de neuf ans à peine, que Dante entrevit pour la première fois alors qu'il ne comptait lui-même que neuf printemps, qu'il revit neuf ans plus tard, dont il fit *sa dame céleste, reine de toutes les vertus*, et qui, mariée, mourut en 1290 à la fleur de l'âge, traçant dans l'œuvre du poète un sillon lumineux auquel sa Muse demeura toujours fidèle ; ce qui n'empêcha point Dante de se marier deux ans plus tard, et d'être vraisemblablement bon époux, autant du moins qu'on peut le déduire de sa nombreuse lignée.

Poursuivons notre visite, et revenons à des temps plus anciens. — A vrai dire, le premier édifice que

7

nous rencontrons détone singulièrement dans l'ensemble ; la vieille basilique de Saint-Ours, construite en l'an 400, a disparu au xviiie siècle pour faire place à un édifice sur plan nouveau complètement moderne : façade de temple grec, porche ouvrant par
trois larges arcades, coupole à la croisée, campanile
cylindrique adjacent ; à l'intérieur, le grand et majestueux style de la Renaissance italienne, voûte en
berceau, colonnes de marbre, pilastres, arcades en
plein cintre, surfaces planes et lignes horizontales richement décorées. A la réflexion, on comprend et
l'on excuse. L'immensité régulière et sévère des basiliques répugne à la piété italienne ; bien plus, ces
personnages de mosaïques, rigides et uniformes,
aux yeux hagards obstinément fixés sur le spectateur, glacent et terrifient ; il semble voir autant de
fantômes prêts à descendre de la cimaise. La religio-
sité d'au-delà des monts, qu'elle soit espagnole ou
italienne, réclame une atmosphère moins sérieuse ;
elle la trouve à souhait dans la moderne ornementation de Saint-Ours ; les basiliques sont désertes ;
au Dôme, par contre, surgissent quelques fidèles.

Ce n'est point là, au surplus, ce que nous cherchons, et si Saint-Ours, dans l'ensemble, n'a rien
d'archéologique, il présente dans le détail de précieuses attractions. — Je néglige les nombreux sarcophages de Saints, d'Evêques, pour noter le fragment
d'ambon dit de l'Evêque Agnellus, de la seconde
moitié du vie siècle (556-570). Nous savons, par d'in-
génieuses restitutions, qu'il comporta les deux escaliers avec leurs montants : il n'en subsiste plus que la
partie centrale. Elle présente au sommet, en bordu-
re, la légende : *Servus Christi Agnellus episcopus
hunc pyrgum fecit*, et au-dessous, un damier dont

les cases, à chaque rangée horizontale, contiennent
une série différente d'animaux, soit, en partant du
haut, agneaux, paons, cerfs, colombes, canards, pois-
sons. Cette disposition, à quelques variantes près, se
rencontre en trois autres fragments d'ambons retrouvés à Ravenne, datant de la même époque, et l'on a
voulu y voir une intention symbolique, peut-être la
place que ces animaux occupent dans la création (*Dictionnaire d'Archéologie chrétienne et de liturgie* de
dom Cabrol, *art. Ambon,* p. 1342).

Un trésor archéologique est à la sacristie, sous la
forme de la célèbre chaire dite de l'Archevêque (1)
Maximien ; ce prélat (546-556) fut contemporain de
Justinien, et nous le retrouvons aux mosaïques de
Saint-Vital. Le siège ou trône est en ivoire, orné sur
les quatre faces de figures sculptées en relief : à la
plaque de devant, car il est fermé d'une porte, figurent Saint Jean-Baptiste et les Evangélistes ; au pourtour, des épisodes de l'histoire de Joseph et de la vie
du Christ. Le mérite de ces compositions est fort

(1) Maximien est généralement qualifié d'*Archevêque*. Nous le trouvons ainsi dénommé au sarcophage des *archevêques* Exuperantius et
Maximianus que garde la Cathédrale de Ravenne ; de même, en un autre sarcophage de la même ville. Lisons-nous le nom de *l'archevêque*
Théodorus : d'un autre côté, Agnellus successeur immédiat de Maximien, à son ambon de la cathédrale, ne reçoit que la qualification
d'*évêque*. Cette anomalie inquiète notre formalisme ; elle s'explique
de la manière suivante ; — Le titre d'*Evêque* remonte à l'origine du
Christianisme De bonne heure, certains évêques reçurent juridic-
tion sur les diocèses voisins ; ainsi ceux de Carthage, d'Alexandrie,
d'Antioche, et celui de Byzance, lors de la séparation en deux Empi-
res. A la fin du III° siècle, les juridictions ecclésiastiques se confor-
mèrent à la division administrative, et ces évêques d'autorité supérieure prirent, les plus élevés le titre de *patriarches*, les autres celui
de *métropolitains*, tout en conservant le nom d'*évêques* ; ainsi le plus
qualifié de tous, le Pape, était toujours l'*Evêque de Rome*. A ces évêques de haute situation, l'usage concéda bientôt le titre d'*Archevêques* ; tel fut en 436 le cas de l'évêque de Ravenne, quand le siège
administratif de la circonscription (Diocèse d'Italie) passa de Milan à
Ravenne ; mais cet usage ne reçut que tardivement force de loi, et
ainsi s'explique l'anomalie relevée plus haut (Cf. *Origines du Culte
chrétien,* par Mgr Duchesne).

inégal : les cinq personnages de devant sont tout à fait remarquables par l'expression des figures, le faire ample et large des draperies, la justesse des attitudes ; l'ornementation qui les entoure, des enroulements de vigne parmi lesquels se jouent des cerfs, des oiseaux, des écureuils, des paons et des lions, est d'une beauté plus rare encore. Les plaques du pourtour sont moins achevées, bien qu'on puisse y relever, avec certaines tendances réalistes, une étude très personnelle de la nature ; il convient de noter d'ailleurs que plusieurs d'entre elles ont été dérobées, et figurent actuellement dans des collections particulières, notamment à la collection Stroganoff, de sorte qu'elles ont dû être remplacées. Quoi qu'il en soit, la Chaire du Trésor de Ravenne est un monument de tout premier ordre, révélant une habileté technique au-dessus de tout éloge (Ch. Diehl, *Ravenne*, p. 93 et suiv. ; Cf. *Justinien*, du même auteur, p. 653). — Maintenant, l'attribution à l'archevêque Maximien est-elle absolument certaine ? Bien qu'on ait cru reconnaître, à la plaque de façade, le monogramme du prélat, cette identification a été contestée dans ces derniers temps par une érudition impitoyable ; on veut que le meuble ne soit venu à Ravenne qu'au commencement du xi° siècle, apporté par l'empereur Otton III qui le tenait d'un doge de Venise, et de plus on affirme reconnaître dans le faire, des influences syriennes ou égyptiennes, lesquelles, avons-nous dit, se retrouvent fréquemment à Ravenne dans l'ornementation byzantine. L'assertion est fort admissible quant à la provenance ; mais elle ne détruit nullement l'appréciation de date, qui doit être maintenue au vi° siècle.

On peut rapprocher de la Chaire de Maximien les nombreux ivoires byzantins de la même époque, qui

nous ont été conservés : — en premier lieu, la plaque d'Evangéliaire du Musée de Ravenne, dite de
Murano, à huit compartiments, et celle du Couvent
d'Estchmiadzin en Arménie, à sept divisions, toutes
deux présentant le même caractère ornemental (*Justinien et la civilisation byzantine au VI° siècle*, par
Ch. Diehl, p. 651-655), et reflétant une influence
syro-alexandrine ; puis les nombreux *diptyques con-
sulaires* connus. Les diptyques, nous dit Antony
Rich, *Dictionnaire des antiquités romaines et grecques*, 1859, p. 230, étaient distribués par les consuls,
préteurs, édiles et autres magistrats, à leurs amis et
même au peuple, le jour où ils prenaient possession
de leur charge. M. Héron de Villefosse, dans sa
*Feuille de diptyque consulaire conservée au Musée du
Louvre*, 1884, en note vingt-huit appartenant à
seize consuls différents, datés exactement de l'an
406 à 541, et la liste n'en est point close. Les diptyques ne sont, pour la plupart, représentés que par
l'une de leurs feuilles. Cependant certains d'entre
eux nous sont parvenus dans leur intégrité, notamment
ceux des Consuls Anastase (517) et Philoxenos (525),
à Paris, au Cabinet des Médailles de la Bibliothèque
nationale ; de même, deux diptyques de Justinien de
l'an 521, dont l'un à la collection Aymard, du Puy
(Haute-Loire), et l'autre à la collection Trivulzio, de
Milan, et encore un diptyque du Consul Justin (540)
au Musée de Berlin. En principe, outre l'effigie du
Consul portant d'une main la *mappa*, de l'autre le
sceptre impérial, ces diptyques présentent une décoration de feuillages et de fleurs, de personnages et
d'animaux, plus ou moins analogue, comme *faire*, à
celle de la Chaire de Maximien.

Sur ce terrain, la France est remarquablement bien

partagée, car elle détient à peu près la moitié de ces
précieux témoins de la civilisation byzantine. Parmi
les dix diptyques connus qui doivent être attribués au
Consul Aréobindus (1), et qui sont datés de l'an 506 ou
environ, Paris en possède deux, dont l'un fut longtemps nôtre, c'est la plaque de diptyque consulaire
de la collection Henri Baudot, de Dijon, qui avait auparavant passé par les mains de MM. de la Mare, puis
du Tillot, puis de Vesvrotte (2) : elle est actuellement au Musée de Cluny. — L'autre feuille de diptyque que M. de Villefosse, dans l'étude précitée,
n'attribue qu'avec circonspection à Aréobindus, et
qui se trouve au Musée du Louvre, offre cette parti-
cularité qu'elle est sculptée sur les deux faces ; mais
il est facile de constater que les deux ornementations
ne sont ni de la même main, ni de la même époque.
La face la plus chargée de sculptures présente une
sorte de *bestiaire* comprenant les créatures humaines,
les animaux et les êtres intermédiaires, moitié
hommes, moitié bêtes, qui jouent un si grand rôle
dans les arts et dans la littérature de l'antiquité et du
moyen-âge ; le même sujet se retrouve à la Colonne
du Zodiaque, en l'église de Souvigny (Allier). M. de
Villefosse compare cette décoration aux sculptures
de la façade du Dôme d'Orvieto, et il y voit un travail italien des premières années du xv° siècle.

M. Louis Bréhier, dans son ouvrage sur *les Eglises byzantines*, 1905, établit que la sculpture orne-
mentale de Byzance est venue de Syrie, d'où elle avait

(1) Aréobindus, sénateur sous Justinien, avait épousé Prœjecta,
nièce de l'Empereur ; il fut chargé du gouvernement général de
l'Afrique, et y trouva une fin tragique (Ch. Diehl, *Justinien*, p. 193).
(2) Ce diptyque fut longtemps dénommé par erreur *diptyque de Stilicon*. M Camille Jullian a restitué à Stilicon le diptyque de la cathédrale de Monza près Milan, dont la date (490 ?) n'est pas absolument précisée.

déjà rayonné en Egypte ; mais il reconnait que cette
sculpture reçut son développement et ses caractères
spéciaux dans les ateliers de Constantinople, où tra-
vaillaient les plus habiles décorateurs. M. Charles
Bayet, dans *l'Art byzantin* (*Bibliothèque de l'enseignement des beaux-arts*), partage ce sentiment, et fait ressortir que l'art chrétien naquit en Orient : le sculpteur y était plutôt un ornemaniste au service de l'architecte ; il négligeait les statues, les bas-reliefs à
personnages, pour emprunter de préférence ses modèles à la faune, à la flore, et même à l'art de la bro-
derie. Cette tendance à écarter la représentation de la
figure humaine (1), que plus tard Mahomet érigera en
dogme, se retrouve à Ravenne où nous ne rencontrons guère de silhouettes humaines, si ce n'est aux
sarcophages, aux ivoires, et dans les mosaïques. La
sculpture byzantine est avant tout fastueuse : elle néglige la pierre pour le marbre et le porphyre ; elle
érige sur les places publiques des statues d'or et d'argent ; cette affectation de luxe se retrouve dans la
sculpture sur ivoire. — M. Ch. Diehl enfin, dans son
Justinien, p. 567 et suiv., généralisant la question,
insiste sur ce point que l'art byzantin se rencontre
originairement à Baalbeck et à Palmyre, à l'est de la
Syrie dans le Hauran, et plus loin encore, du côté de
l'Orient, jusqu'en Perse. Pour définir l'origine de cet
art, on peut poser en thèse, que les influences de la
Perse sassanide se combinèrent avec les traditions
romaines, sur un sol où vivait encore l'esprit de l'hel-
lénisme (Choisy, *Histoire de l'Architecture*, T. II, p.
82). Ce principe, applicable dès maintenant à l'art dé-

---

(1) Cette tendance exagérée, dénaturée, et revêtant les apparences
d'un dogme, dégénèrera plus tard en persécution, et engendrera au
viiie siècle la *Querelle des Iconoclastes.*

coratif de Byzance, régit plus strictement encore tout
ce qui concerne l'architecture qualifiée de *byzantine*;
nous en trouverons dans un instant l'application à
Saint-Vital.

J'ai passé un peu trop légèrement sur les *sarcophages*; ils sont nombreux à Ravenne, et se rencontrent à chaque pas, surtout dans les basiliques,
voire même sur les places publiques. La signification
exacte de ce terme spécial pour désigner un tombeau,
n'est peut-être point suffisamment connue; il n'est
pas inutile de la fixer, en raison de l'extension erronée qui lui est souvent donnée. — Le sarcophage
est essentiellement un cercueil construit en une pierre
spéciale (1), qui avait la propriété de détruire très rapi-
demment les chairs, en quarante jours, affirmait la
croyance populaire : cette explication est absolument
conforme à l'étymologie grecque, σαρξ φάγειν, manger les
chairs. Or l'ornementation de ces grands coffres de
pierre mérite de fixer notre attention : ce sont des scènes
du Nouveau Testament, l'Adoration des Mages, le
Christ et les Apôtres, et surtout des décorations tirées
du règne végétal, la vigne, le palmier, ou du règne
animal avec figures, les deux cerfs altérés s'abreu-
vant aux ondes pures, les deux colombes buvant
dans le calice, — ce dernier symbole est fréquent
aux mosaïques, — et encore les paons affrontés laissant entre eux place libre pour le monogramme, la
croix ceinte d'une couronne et accostée de deux
agneaux; partout la croix, avec l'A et l'Ω, symbole
du Christ, qui est le commencement et la fin de toutes
choses. Tout ceci sur les flancs des sarcophages;
par contre, le couvercle, toit bombé de pierre massive,

---

(1) Pierre *assienne*, de la ville d'Assos en Troade.

est très-sobrement décoré : la croix, parfois des imbrications, souvent des inscriptions emphatiques ou tou-
chantes. L'un de ces sarcophages nous frappe tout particulièrement, celui de l'exarque Isaac, avec une sculpture représentant l'Adoration des Rois Mages, et la légende grecque en belles lettres onciales : « Suzanne la
« compagne de sa vie, privée désormais de l'époux,
« soupire fréquemment à la façon d'une chaste tour-
« terelle. »

Cet exarque Isaac, dont le nom passe ainsi à la
postérité la plus reculée, était d'ailleurs un assez
médiocre personnage, pressurant les Romains, et
payant tribut aux Lombards ; mais ce tribut absorbe
toutes ses ressources, et les soldats qui gardent Rome,
non payés, se soulèvent : l'exarque leur fait dire par
le duc Maurice que le trésor pontifical de Saint-Jean-
de-Latran regorge d'or ; la milice déchaînée pille,
mais point assez rapidement pour que l'exarque
averti n'intervienne, et ne s'attribue la majeure partie
du butin. — Nous possédons la liste à peu près complète, depuis Longin jusqu'à Eutychès, de ces poten-
tats de Ravenne qui s'intitulent pompeusement *domes-
tiques du palais sacré, Patrices et Exarques d'Italie* ;
l'Histoire n'a pas grand intérêt à retenir leurs noms ;
ce sont gens hardis et sans scrupule, hommes d'argent avant tout, puissants à Ravenne, et exerçant au
dehors une vague autorité par l'entremise de leurs
Ducs, intervenant à Rome par la violence dans l'élec-
tion des Papes, bravant volontiers l'Empereur de
Constantinople qui est loin et ne vient guère visiter
ses domaines d'Italie, sauf Constant II qui, en 663,
pille Rome de fond en comble, et enlève jusqu'aux
tuiles de bronze doré qui couvraient le Panthéon ;
tremblant enfin devant les Lombards qui sont leurs

voisins, qui mangent l'artichaut italien feuille à feuille,
et s'installent définitivement à Ravenne en 751, pour
en être trois ans plus tard chassés par Pépin. Donc,
tristes gens que ces Exarques, mais bénéficiant,
nous l'avons dit, du prestige incontestable dont se
parait l'Empire de Byzance.

Le *Baptistère orthodoxe*, voisin de la Cathédrale,
en est à peu près le contemporain, IVᵉ-Vᵉ siècles, •
mais plus heureux qu'elle, il a résisté aux outrages
du temps, et nous est parvenu dans son intégrité de
l'époque. Il a précédé d'un siècle environ le Baptistère des Ariens, et lui est notablement supérieur,
ai-je dit, tant par l'importance de sa construction
que par l'éclat et la perfection de ses mosaïques, les
plus anciennes de Ravenne. On pense qu'il aurait été
bâti par saint Ours, et complété dans sa parure par
Galla Placidia. — Extérieurement, il est de forme
octogonale, construit en briques comme la plupart
des monuments de Ravenne ; l'apparence en est
lourde ; pour toute décoration, des bandes lombardes,
et une rangée d'arcades aveugles que couronne une
corniche en dents de scie. L'intérieur offre au contraire un grand luxe d'ornementation : deux rangées
d'arcades superposées, s'appuyant sur des colonnes
antiques, soutiennent la coupole tout entière construite en poterie, soit en amphores creuses emboîtées
les unes dans les autres et recouvertes d'un enduit
très dur (1); à cette coupole, autour d'un médaillon
central, se développent deux zônes concentriques
de riches mosaïques. Comme au Baptistère des
Ariens, la scène principale inscrite au médaillon
comprend trois personnages : le Christ à demi plongé

(1). Ce mode de construction en poterie creuse avait pour effet dé
diminuer le poids de la voûte, et d'en assurer la solidité.

dans le Jourdain, saint Jean debout sur la rive, et le
fleuve personnifié par un vieillard chauve tenant à la
main une urne d'or, singulière évocation de la mythologie païenne. Dans le détail, les figures ont une
tout autre expression qu'au Baptistère de Théodoric ;
les poses sont élégantes et naturelles, le modelé accompli, les nuances mises en relief, jusqu'à la nudité
des corps se reflétant à travers la transparence des
eaux bleuâtres, le tout s'enlevant sur un fond jaune
que des cubes d'or sont venus plus tard raviver. —
La même perfection, le même fini se retrouvent dans
les deux zones qui entourent le médaillon : la zone
intérieure représente les douze Apôtres, non point
figés en des attitudes hiératiques et se mouvant vaguement comme au Baptistère arien, mais s'avançant
majestueusement en deux files que conduisent à la
rencontre l'une de l'autre les deux apôtres Pierre et
Paul ; ils portent des couronnes d'or à la main ; les
longues tuniques flottent, alternativement claires ou
sombres, correspondant à des manteaux teintés en
jaune d'or ou en blanc ; l'ensemble est étincelant de
coloration et de vie ; et, à la zone extérieure, en huit
compartiments, sont représentés des trônes ornés
de pierreries, des autels sur lesquels repose, tantôt
la croix, tantôt le livre des Saints Évangiles.

Le Baptistère est éclairé par huit larges fenêtres
entre lesquelles se détachent sur fond bleu sombre
huit blanches silhouettes de prophètes ; et au-dessous,
en se rapprochant du sol, une série correspondante
de niches ouvrant sous des arcades en plein cintre,
enferme de riches incrustations de marbre avec beau
décor de mosaïques. La partie purement décorative
est d'une grâce, d'une fantaisie charmantes : ici, des
ornements en stuc, animaux affrontés, paons, lièvres,

cerfs, colombes, autour d'un vase ou d'une corbeille de fruits ; là, d'élégantes arabesques d'or s'enlevant sur fond bleu, ou bien encore des hippocampes avec des motifs plus proprement historiques. Dans toute cette ornementation, spécialement dans les figurations d'animaux, l'influence orientale est visible ; les mêmes motifs se retrouvent à Saint-Georges de Salonique du ıv^e siècle, et à la basilique de Bethléem. — Quoi qu'il en soit, la caractéristique est une heureuse recherche d'originalité qui a pu produire quelques disparates, quelques faiblesses, mais n'en est pas moins profondément intéressante ; avec le Mausolée de Galla Placidia que nous visiterons dans un instant, le Baptistère des orthodoxes est une des œuvres les plus parfaites de l'art chrétien de ce temps ; il a été l'objet de certaines retouches, de quelques rajeunissements ; les cubes d'or et de nacre notamment qui figurent dans la mosaïque, sont évidemment d'une époque postérieure à la construction primitive ; mais, dans l'ensemble, le monument est parvenu jusqu'à nous en un état digne d'admiration profonde. — Ajoutons, détail technique qui a son importance, que l'édifice affaissé sur lui-même et quelque peu enterré dans le sol mouvant de Ravenne, a été depuis peu de temps exhaussé et ramené de niveau à l'aide de puissantes machines.

Nous arrivons à la Basilique *Saint-Vital*. C'est là un type essentiellement nouveau en Occident, que ces églises à coupole par lesquelles le génie byzantin, et Justinien en particulier, marquent tout spécialement leur empreinte. Il n'est point exact de dire que Saint-Vital soit une imitation de Sainte-Sophie de Constantinople : cette dernière fut commencée en 532 et terminée en 537, dans le délai extraordinairement

court de cinq ans ; — délai trop court, construction
trop hâtive, car la coupole de Sainte-Sophie s'écroula
en 558, et il fallut la reconstruire dans une forme
générale moins audacieuse et mieux soutenue ; le
coût total de la construction fut de 960 millions de
francs. — Or Saint-Vital, commencé vers 530, fut
consacré en 547 ; tout ce qu'on peut affirmer, c'est
que les deux églises sont contemporaines, qu'elles
sont construites sur le même plan, avec différences
dans la facture, dans la hardiesse, dans le fini, au
profit de Sainte-Sophie. Toutes deux furent à la fois,
et le terme d'une évolution architecturale dont on
peut étudier les principaux caractères dans de nombreuses églises antérieures du côté de l'Orient, et le
point de départ d'un mode nouveau d'architecture
qui se propagea dans tout l'Empire byzantin, et essai-
ma largement en Occident. L'idée essentielle est
celle de la coupole reposant sur une base carrée ou
polygonale, soit la tendance à substituer les lignes
courbes aux droites, les arcades aux plates-bandes ;
or, dans ce mode de construction , il ne semble pas
qu'il y ait une combinaison nouvelle, mais simplement un retour aux vieilles traditions architectoniques
de l'Asie. A Séleucie, à Ctésiphon se retrouve l'emploi de la coupole sur base carrée, et les architec-
tectes de ces monuments reproduisaient eux-mêmes
les formes usitées bien des siècles auparavant, dans
les antiques édifices de Ninive et de Babylone. Ce
mode se répandit de bonne heure en Syrie ; à l'est de
Damas, dans le Hauran, on retrouve encore, sur une
espace de trente à quarante lieues carrées, une cen-
taine environ d'églises à coupole, plus ou moins
ruinées, s'échelonnant du ive au viie siècle de notre
ère (Voguë, *Syrie centrale, Architecture civile et re-*

ligieuse du Ier au VIIe siècle, 1865-1877). Parmi elles,
les églises de Bosra et d'Ezra, terminées respective-
ment en 512 et 515 : celle de Bosra en particulier
montrait une coupole supportée par huit piliers ; la
coupole reposait sur un tambour circulaire inscrit dans
un carré, et quatre exèdres ou demi-coupoles, occu-
pant les angles du carré, contrebutaient le grand cercle extérieur. Ce mode de construction présentait des
inconvénients, et occasionna des mécomptes, des
écroulements ; les monuments d'Asie étaient construits en belle pierre dure, le poids en était colossal
et dangereux ; ceux d'Europe, à Constantinople et à
Ravenne, furent édifiés en matériaux plus légers, en
brique ou en blocage. Il n'en est pas moins certain
que l'influence de l'Ecole syrienne fut sur eux prédominante, — les deux architectes de Sainte-Sophie,
Anthémius de Tralles et Isidore de Milet étaient
d'origine asiatique, — et que le principe tout au
moins de cette Ecole prévalut et reçut dans l'architecture byzantine son application.

Des essais d'ailleurs avaient déjà été pratiqués en
Europe, à Spalato au Palais de Dioclétien, à Ravenne
au Palais et au Tombeau de Théodoric ; ils se
propagèrent au début du vi^e siècle à Saint-Georges
et à Sainte-Sophie de Salonique, à Sainte-Irène,
aux Saints-Serge-et-Bacchus de Constantinople,
toutes églises évoquant le type syrien de la basilique à coupole. Il existait donc de nombreux précédents sur lesquels l'architecte byzantin pouvait se
baser, tout en les modifiant selon les données de l'expérience. — J'ai dit que ces deux vastes entreprises,
Sainte-Sophie et Saint-Vital, furent le départ d'un nou-
teau mode architectonique : en effet, à Constantinople même, l'impératrice Théodora donnait immé-

diatement une réplique à Sainte-Sophie par la construction de l'église des Saints-Apôtres en forme de
croix grecque à cinq coupoles, les quatre bras étant
surmontés chacun d'une coupole aveugle, tandis
qu'une coupole percée de fenêtres à la base se dressait à la croisée. A partir de ce moment, les basiliques
de type latin deviennent l'exception dans l'Empire
d'Orient ; les nouvelles églises sont à coupole, mais
on ne se contente point de copier le plan de Sainte-
Sophie : on exécute sur ce thème des variations nombreuses. — Le mouvement gagne l'Occident : Charlemagne s'empresse de reproduire, à sa chapelle palatine d'Aix, le type de la coupole sur base polygonale ;
nous conservons encore plusieurs dérivés de ce type
à Saint-Laurent de Milan, à Saint-Marc de Venise, à
Saint-Front de Périgueux, ces deux dernières à coupoles multiples. — Toutes ces considérations font suffisamment ressortir combien est intéressante l'étude
de Saint-Vital.

L'église fut commencée, ai-je dit, en l'an 530, c'est
à-dire encore sous la domination gothique, et sous l'é-
piscopat d'Ursicinus ; elle fut achevée en 547, sous
la souveraineté de Justinien et l'épiscopat de Maximien. Le point initial est essentiellement une coupole
posée sur base polygonale, soit, à l'intérieur, un octogone interrompu par un narthex et une abside. La
coupole, construite en poterie, à sa concavité tout
au moins, comme celle du Baptistère, est supportée
par huit gros piliers carrés reliés entre eux par des
arcades. La nef principale, sous la coupole, a quinze
mètres de diamètre : elle est entourée de bas-côtés à
deux étages revêtus de voûtes d'arêtes ; à l'étage
supérieur sont aménagées des tribunes ou *gynécées*
pour les femmes, selon l'usage des basiliques

grecques. Entre les huit gros piliers qui séparent la
nef des bas-côtés s'élèvent deux à deux, à chaque
étage, des colonnes soutenant les arcades. Le diamètre total de l'édifice est de trente-cinq mètres.
Des deux tours rondes qui flanquaient l'entrée, une
seule subsiste ; en avant de cette entrée règne
une charmante *loggia*, ou porche ouvert, supportée par
de délicieuses colonnettes.

La coupole de Saint-Vital apparaît à peine de l'extérieur ; celle de Sainte-Sophie, bien qu'assez écrasée,
se distingue mieux du dehors. Le mode de construction de cette dernière église présente d'ailleurs une
différence qu'il importe de relever, et qui fut néces-
sitée par l'énorme dimension, trente-un mètres de
diamètre, de la coupole : cette coupole repose sur
quatre grands arcs qui s'appuient eux-mêmes sur
quatre piliers colossaux ; aux deux arcs oriental et
occidental s'arc-boutent deux vastes demi-coupoles
qui soutiennent et contrebutent la voûte centrale ; les
deux arcs nord-sud sont au contraire fermés par un
mur plein que soutiennent des colonnettes.

Nous pénétrons à l'intérieur de Saint-Vital. Le
visiteur, se dressant au milieu de la nef sous la coupole, ne sait de quel côté porter son admiration. La
fixera-t-il, dans l'ensemble, sur cette forêt de colonnes
se profilant à chaque travée par le groupement des
gros piliers et des colonnettes, ou bien encore sur
cet enchevêtrement de lignes se coupant et s'entre-
croisant d'une façon harmonieuse ? s'attachera-t-il,
dans le détail, à ces chapiteaux étranges, cubes éva-
sés où la pierre ne revêt plus aucune forme classique,
mais disparaît sous un réseau de sculptures fin et
compliqué à l'égal d'une dentelle, avec entrelacs et
feuillages peu saillants au centre du réseau ? ou bien

encore à ces énormes coussinets surmontant le chapiteau qu'ils égalent presque en importance, et
recevant la retombée des voûtes, les uns simplement
timbrés de la croix ou d'un monogramme, les autres
sur lesquels s'épanouit, rehaussé de dorures, tout un
peuple d'animaux et d'oiseaux? Aux coussinets comme
aux chapiteaux, apparait bien nettement l'influence
byzantine. — Et les revètements de marbre qui
couvrent la base des piliers, et les ornements de
stuc qui tapissent la courbure des arcades, et les colonnes aux chaudes couleurs, et les mosaïques étin-
celantes du chœur et de l'abside!.... L'ensemble est
d'une beauté de lignes, d'une richesse de coloris in-
comparables. Sansdoute ce merveilleux état, ce ruis-
sellement de tons sont dus pour une certaine partie
à une restauration récente, laquelle a corrigé l'œuvre
presque toujours malfaisante du xviie siècle; l'éminent
conservateur du musée Brera de Milan, M. Corrado
Ricci, veille depuis plusieurs années avec sollicitude
à l'entretien. des trésors de Ravenne ; restaurer, il est
vrai, n'est pas toujours embellir : à Ravenne du moins,
de ce côté il n'y a guère de reproches à faire, mais
beaucoup d'éloges à adresser.

Les mosaïques du pavé, celles de la coupole ont
disparu ; mais celles du chœur et de l'abside subsistent dans toute leur splendeur ; c'est là que finalement le regard se porte, et demeure invinciblement
attaché. C'est, comme le dit très bien Diehl, « un de
« ces lieux privilégiés où semble revivre toute une
« époque disparue ». Du sol en effet, jusqu'au sommet des voûtes, l'éclat de l'or se mêle à l'harmonie
des couleurs les plus vives. — Dès l'entrée du chœur,
des médaillons encadrent la tête du Christ et celles
des Apôtres ; à l'arc triomphal, entre les villes saintes

8

de Bethléem et de Jérusalem, des anges flottant dans
les airs soutiennent le monogramme du Christ. Dans
le chœur même, à la voûte divisée en quatre compartiments par des diagonales ornementées, un fouillis
d'élégants rinceaux où se joue, sur fonds or et vert
alternés, tout un peuple d'animaux et d'oiseaux ;
et, au centre de la composition, l'Agneau divin dans
un médaillon que soutiennent à bras tendus quatre
anges campés sur des globes.

Aux parois latérales du chœur, deux grandes compositions d'un symbolisme grandiose : — à droite,
les deux premiers sacrifices, soit le sacrifice sanglant
d'Abel et celui non sanglant de Melchisédech, et,
entre deux, un autel avec le pain et le vin ; dans le
pourtour de cette composition, Moïse gardant ses
troupeaux au milieu des rochers, Moïse dénouant ses
sandales à la voix du Seigneur qui sort du buisson
ardent ; au sommet, deux anges soutiennent le médaillon de la croix ; dans un angle, le prophète Isaïe ;
— à la paroi de gauche, Abraham reçoit à sa table
les trois anges et leur présente les mets, tandis que
Sarah maussade demeure à la porte ; sur le même
plan, Abraham prêt à sacrifier son fils Isaac, s'arrête
à la voix de Dieu sortant du buisson ardent ; au pourtour, près de Jérémie, les anges soutiennent le médaillon de la croix ; Moïse reçoit du Seigneur les Tables
de la loi, et les porte aux Israélites qui gesticulent et
murmurent autour d'Aaron. Toute cette décoration
est d'une exécution absolument remarquable, pleine
de naturel et de simplicité, trahissant un goût de réalisme, un sens d'observation de la nature, que nous
n'avons guère rencontrés jusqu'alors ; à la voûte en
particulier, nous devons noter la beauté de l'ornementation servie par une merveilleuse richesse de

coloris ; au point de vue technique, nous remarquons l'emploi du cube d'argent substitué au cube de verre. Comme idée générale, c'est la glorification du Saint Sacrifice symbolisé par les scènes de l'Ancien Testament, annoncé par les prophètes, célébré par les Evangélistes. Comme époque, les mosaïques du chœur, c'est-à-dire de l'espace quadrangulaire compris entre l'octogone et l'abside proprement dite, sont antérieures à la conquête byzantine de 540, et doivent être reportées à la période initiale de la construction, soit entre 526 et 534 ; on peut les considérer comme très légèrement postérieures aux . deux premières rangées de mosaïques de *San-Apollinare nuovo*, œuvre de Théodoric ; elles émanent en tout cas d'artistes de la même école, artistes byzantins que le grand roi goth avait attirés à Ravenne.

Les mosaïques de l'abside sont postérieures, et doivent être elles-mêmes réparties en deux époques. A la conque de l'abside, sur un fond d'or, le Christ trône assis sur le globe du monde, et, à ses côtés, deux anges lui présentent, l'un saint Vital patron, l'autre saint Ecclésius fondateur de la basilique L'œuvre suit de près, comme date, les deux mosaïques du chœur ; elle marque cependant un nouveau progrès dans la décoration, la nacre traduisant l'éclat des perles qui rehaussent le vêtement. De même, les figures sont graves et solennelles ; celle du Christ en particulier est imberbe, toute juvénile comme nous l'avons déjà vu à *San-Apollinare nuovo*, pleine de grandeur néanmoins, le corps largement drapé dans un manteau de pourpre violette.

Vingt ans plus tard, le complément de cette merveilleuse décoration vient s'inscrire à la partie inférieur de l'abside, au dessous du Christ en sa gloire :

c'est la représentation de la cour de Byzance à l'époque de Justinien ; d'un côté, à gauche, le cortège de Justinien ; de l'autre, à droite, celui de Théodora. — Sur fond d'or éclatant, l'Empereur se dresse au centre de la composition, tête nimbée ornée du diadème, car les iconographes d'Orient donnent cet attribut du nimbe à tous ceux qui participent à la sainteté de Dieu ou à sa puissance ; longue robe blanche recouverte du manteau impérial de couleur violette avec broderies d'or ; il tient à la main un vase d'or, indiquant sans doute les présents qu'il va faire à la nouvelle Eglise. A sa gauche, le saint pontife Maximien, vêtement blanc recouvert d'un manteau vert, croix à la main : dans son cortège, deux diacres en vêtement blanc ; dans celui de l'empereur, un plus grand nombre de personnages : trois courtisans revêtus de vert, portant la chlamyde ; l'un d'eux, le chef, tient un magnifique bouclier timbré du monogramme du Christ. — Toutes ces figures sont expressives et parlantes ; Justinien est en pleine force, alerte, aux traits durs et accentués, ceux du Slave Oupravda, menton ferme et volontaire ; ce n'est pas encore le visage empâté, le masque gras aux joues pesantes, l'air hypocrite et bonasse du monarque *fin de règne*, que nous avons remarqué dans une chapelle, à *San-Apollinare nuovo* ; M. de Voguë, à la comparaison de ces deux portraits, évoque avec raison le souvenir des deux types si connus de Napoléon : le consul maigre, *Corse libéré*, l'Empereur alourdi. L'Histoire n'est-elle pas un incessant renouveau ?.... L'Evêque a le crâne chauve, les sourcils épais, les joues creusées ; les personnages secondaires eux-mêmes, dans leurs traits, revêtent chacun une individualité nettement accusée, et c'est en quoi nous sortons du *canon* byzantin, désolant par son immobilité figée. Notons en outre l'éclatante décoration, non seulement de nacre, comme nous l'avons vu à la conque de l'abside, mais de cubes d'or, de pierres précieuses, tant à l'agrafe du manteau de Justinien, qu'à la croix épiscopale, aux ornements des diacres, au bouclier que tient le chef de la garde palatine. Sans doute, dans l'arrangement symétrique de ces figures, dans les lourdes draperies des vêtements, il y a trop de solennité et de raideur, l'effet est conventionnel et monotone ; on sait que ces mosaïques sont postérieures de vingt ans à celles du chœur ; on se rapproche de plus en plus de l'époque où toute cette splendeur sera figée, glacée par l'étiquette la plus rigoureuse qui ait jamais existé ; mais l'éclat du coloris, le caractère des figures, la splendeur des costumes dissimulent ces faiblesses ; et l'on reconnaît là une des plus admirables créations que nous ait laissées l'art byzantin parvenu à son apogée.

Des caractéristiques analogues, avec même perfection et mêmes défauts, se retrouvent à la mosaïque symétrique, celle de Théodora. Nimbée comme Justinien, l'Impératrice porte un lourd diadème d'où ruissellent les perles, venant se confondre avec le collier qui orne sa poitrine ; robe blanche sous le riche manteau violet chargé de broderies d'or ; sur le lé inférieur du manteau sont représentés les trois Rois Mages, tels que nous les avons vus à la procession des Saintes de *San-Apollinare nuovo*. Théodora tient à la main le vase où sont déposés les présents ; deux courtisans la précèdent ; l'un d'eux soulève la courtine de la porte où va s'engager l'Impératrice ; à leurs physionomies glabres, aux joues trop pleines, on reconnaît les chambellans *eunuques*

qui, même dans le cortège de l'Empereur, ont le pas
sur les chambellans *barbus*. Huit dames viennent à
la suite, richement costumées, manteaux violets recouverts de fleurs d'or, manteaux blancs avec feuillage
vert, robes blanches, vertes ou pourpres, avec pierres
précieuses et ornements variés. Sont-ce là, si nous
en croyons Procope, les amies des mauvais jours,
que la faveur de l'Impératrice a portées des coulisses
du Cirque aux splendeurs du Palais sacré ? parmi
elles peut-être, Antonine, l'épouse si décriée de Bélisaire. Le visage de ces dames de la Cour est charmant, mais monotone dans sa beauté ; nous sommes,
dès le premier regard, amenés à formuler ici la même
observation qu'à *San-Apollinare nuovo*, c'est que
l'artiste, semble-t-il, se soit attaché à individualiser
les visages masculins, et au contraire à uniformiser
les féminins ; et ce sentiment serait tout à fait d'accord avec la réserve orientale en tout ce qui concerne
la femme. Même étiquette figée dans les attitudes et
les plis des vêtements, à relever chez l'Impératrice
comme chez ses dames d'atours ; stature haute et rigide, que vient accentuer le lourd manteau impérial ;
mais pour nous, toutes ces particularités s'effacent
devant une recherche unique, celle de l'expression à
lire sur le visage de Théodora.

Bien bizarre en effet est la destinée de cette femme
partie des bas-fonds de la société byzantine, ou mieux
des coulisses de l'Hippodrome, et qui par sa beauté,
son intelligence, par la faveur de l'Empereur, devient
toute puissante jusqu'à monter sur le trône. On a in-
criminé ses mœurs, sa rapacité, son hostilité contre
toute personnalité pouvant lui porter ombrage, notamment contre Bélisaire ; la seule qualité peut-être
qu'on ne lui ait pas marchandée, c'est son énergie,

alors que, dans une émeute du Cirque, elle sauva le trône de Justinien. Il semble qu'il y ait exagération dans toutes ces inculpations, et que Théodora ait été simplement *de son époque*, avec les qualités et les défauts du milieu où elle vivait ; quel est d'ailleurs le personnage historique qui, après avoir été traîné aux gémonies de l'Histoire, ne remonte pas un jour sur le pavois ?... Telle est la thèse que défend M. Ch. Diehl dans son remarquable ouvrage, *Justinien et la civilisation byzantine au VIᵉ siècle* ; il le fait avec modération, se gardant des préjugés qui ne reposent sur aucune donnée certaine, remontant aux sources. La vérité au surplus n'est point facile à démêler, à date si reculée, et, sans prendre parti, nous estimons que l'Histoire devra tout au moins reconnaître en Théodora une remarquable *femme de Gouvernement.*

Elle est là devant nous, visage menu et délicat, d'un ovale un peu amaigri, nez long, droit et mince, le tout illuminé par deux grands yeux noirs, — nous savons qu'elle avait été admirablement belle, — dans l'ensemble, la physionomie solennelle et mélancolique d'une haute dame désabusée des grandeurs, mais décidée à se maintenir au faîte où les hasards de la fortune, la volonté de Dieu l'ont portée, résignée à mourir à la peine, mais sur le trône, ce qu'elle fit en effet, car elle succomba avant Justinien, en 548. Et cet exemple d'Impératrice sortie des bas-fonds de la société, s'élevant au pouvoir et s'y maintenant par son intelligence, son esprit d'intrigue et de suite, n'est point isolé dans l'histoire byzantine (Ch. Diehl, *Figures byzantines*, 1906) : quatre siècles plus tard[1] sous la dynastie macédonienne, il se reproduit en Théophano, fille d'un cabaretier, qui, par sa *grâce*

irrésistible, disent les contemporains, devient femme
de Romain II, l'empoisonne, fait monter sur le trône
son amant Nicéphore Phocas, le fait assassiner à son
tour par un autre amant, Jean Zimiscès, qui lui-même
meurt encore par le poison, et finalement, ayant à
peine cessé d'être Impératrice, reprend le pouvoir
et le garde pendant la minorité de ses deux fils, Ba-
sile II et Constantin IX. — Quant au mari, mieux
encore que l'épouse, il appartient à l'Histoire (1), qui
l'a déjà jugé avec ses qualités et ses faiblesses, mais
a reconnu en lui, comme qualités dominantes, une
absolue conscience de ses devoirs, un souci constant
du rôle que doit jouer sur la terre un conducteur de
peuples. A ce point de vue spécial, peut-être pourrait-
on le comparer à Louis XIV, le plus grand de nos
rois. Tout pesé, l'Histoire dira avec raison que Justinien fut le *dernier des grands empereurs romains*
(Ch. Diehl, *Justinien, in fine*).

Nous l'avons déjà dit, et nous ne saurions trop le
répéter : les mosaïques de Saint-Vital, après celles
de *San-Apollinare nuovo*, constituent une admirable décoration, presque unique désormais, puisqu'à
Sainte-Sophie de Constantinople et à Saint-Georges
de Salonique, elles ont disparu sous le badigeon
turc (2) ; mais de plus elles nous donnent une remarquable leçon d'histoire : pour le costume, pour le
mobilier de l'époque, pour l'étiquette de la cour
byzantine, elles sont de véritables documents ; pour

---

(1) Sur l'un comme sur l'autre, Procope et les chroniqueurs contemporains nous renseignent suffisamment, bien qu'à travers leurs
contradictions et leurs réticences, l'exacte vérité ne soit pas toujours
facile à dégager.

(2) Les restaurations récentes entreprises à Sainte-Sophie par l'architecte Fossati pour le compte du gouvernement turc, ont fait reparai-
tre d'importantes mosaïques.

le portrait, et avec toutes réserves que de raison,
nous y trouvons de précieux renseignements icono-
graphiques. Elles sont enfin, avec le mérite que nous
avons exposé, celui de la difficulté vaincue, un merveilleux monument artistique. Nous les avons admi-
rées sans mélange, et, heureux d'avoir réalisé notre
desideratum, nous souscrivons de grand cœur au
jugement élogieux qu'ont formulé de longue date
nombre de savants dépassant de cent coudées notre
très-médiocre compétence.

Avec le *Mausolée de Galla Placidia*, nous revenons
à cent ans en arrière ; mais c'est là, ai-je dit, l'inévi-
table inconvénient de la visite faite au pied levé par
un touriste qui, sans aucune prétention d'écrire un
traité sur la matière, se borne plus tard à formuler
ses impressions telles qu'il les a reçues. — L'histoire
de Galla Placidia, nous dit M. Diehl, est mouvemen-
tée, pittoresque et attachante comme un roman ; j'en
ai marqué les grands traits, et n'y reviendrai pas.
Rappelons seulement que cette fille de Théodose-le-
Grand, sœur d'Honorius, épouse successivement le
wisigoth Ataulph, puis le romain Constantius ; que,
chassée de Ravenne par des intrigues de palais, elle
se réfugie à Constantinople, s'y imprègne du génie
byzantin, et que, rentrée en Italie où elle est désormais
toute puissante sous le règne de son jeune fils
Valentinien III, elle entreprend d'embellir Ravenne,
et s'y laisser d'elle un souvenir durable. De toutes ses
constructions, des merveilles ornementales dont elle
les décora, rien ne reste debout, rien du moins qui
n'ait été profondément remanié, si ce n'est le Baptistère des Orthodoxes qui lui doit ses splendeurs décoratives, et la petite église des Saints *Nazario è Cel-*

so, plus connue sous le nom de *Mausolée de Galla
Placidia*, car le mausolée en est l'attraction prédominante.

L'église, ou plutôt chapelle, en raison de ses faibles
dimensions, est un édifice en forme de croix grecque
avec coupole. Elle fut construite en l'an 440, c'est-à-
dire à une époque quelque peu postérieure au Baptistère ; elle présente avec lui une étroite parenté
dans certains détails de décoration, tout en formant
dans l'ensemble, avec la somptueuse décoration de
l'autre édifice, un parfait contraste ; on peut à la vérité attribuer cette dissemblance aux remaniements
nombreux qu'a subis le Baptistère, et dont nous avons
dit un mot. L'impression est étrange, lorsqu'on y
pénètre ; un demi-jour discret y règne, filtrant par
de rares ouvertures ; la première sensation est celle
d'un ressouvenir des Catacombes. — Dans le fond de
l'édicule, aux branches de la croix dont il affecte
la forme, trois taches blanches se laissent voir, soit
trois massifs sarcophages éclairant cette obscurité,
et projetant comme une note de vie dans cette atmosphère funèbre. La forme en est archaïque, les sculptures grossières ; dans l'un d'eux, suivant la tradition,
reposa Honorius ; dans l'autre Constantius ; à celui
du fond, l'héroïne Galla Placidia. La pensée s'arrête
un instant sur ces tombeaux, où dort un fragment
du moyen-âge le plus reculé ; mais bientôt elle se reporte sur la décoration du pourtour, et s'y attache
tout entière.

Cette décoration est toute caractéristique de simplicité et de bon goût. Dans l'ensemble, nous sommes
ici en plein art symbolique, un siècle avant que les
mosaïques de *San-Apollinare nuovo* et de Saint-Vital
ne marquent d'une manière définitive le triomphe de

l'Ecole historique. Sur le fond de poterie de la coupole, sur les parois tout autour, se détachent des mosaïques d'une harmonieuse douceur : ornements d'or s'allumant sur fond bleu sombre (les fonds d'or ne font point encore leur apparition), richesse élégante et sobre tout à la fois, où l'inspiration antique se laisse voir avec une rare science de coloris. Nous sommes en présence d'un art consommé, maître de lui-même, mais se gardant des exagérations où l'entraîneront un siècle plus tard les somptuosités de la Cour de Justinien. — Dans le détail, au-dessus de la porte d'entrée et au tympan de l'arcade, nous relevons la représentation d'une scène où le Nouveau Testament confine à la Mythologie : c'est le Bon Pasteur assis au milieu de son troupeau ; à l'encadrement de fleurs, de rochers, d'arbrisseaux, éclate un vif sentiment de la nature ; les couleurs tendres, bleu, jaune, vert, prédominent, et s'harmonisent admirablement dans la représentation d'un paysage exquis. Point de rouge éclatant, une suprême sobriété d'ornementation ; le Christ jeune, imberbe, assis, s'appuyant sur la croix et caressant un agneau, évoque le souvenir de quelque dieu antique, un Apollon ou un Orphée (1) ; assurément ce n'est plus le pâtre populaire et évangélique, *pastor bonus*, des Catacombes, modestement vêtu; le manteau de pourpre, la croix d'or, le nimbe d'or cerclant la tête, repoussent cette assimilation ; on dirait plutôt d'un jeune Roi, à l'attitude noble, plein de condescendance pour la nature paisible qui l'environne ;

(1) A rapprocher ce Christ du Mausolée de Galla Placidia, de l'Orphée emblème du Christ du cimetière de Saint-Calixte à Rome, apaisant les bêtes féroces aux sons de sa lyre : la pose des deux personnages offre de frappants caractères d'analogie. (*Batissier, Histoire de l'art monumental*, p 347).

mais c'est tout, et l'on sait gré à ce Roi de sa douceur
et de sa modestie.

Le sujet représenté au fond de la chapelle, en arrière du sarcophage de Galla Placidia, est d'un genre
tout différent, sur l'interprétation duquel on a lon-
guement discuté. Au centre, un gril sous lequel brû-
lent des flammes ardentes ; un personnage tenant
d'une main une croix, de l'autre un livre ouvert, s'a-
chemine vers l'instrument de supplice. Certains ont
voulu y voir un Saint Laurent ; mais une autre idée
est plus vraisemblable, celle du Christ, barbu cette
fois, se préparant à jeter au feu un livre hérétique ;
l'armoire ouverte à gauche de la scène, où l'on distingue les quatre Evangiles, rendrait vraisemblable cette
seconde interprétation.

Au-dessus de cette dernière scène, à la coupole,
apparaissent les Apôtres Pierre et Paul, drapés
dans de longs vêtements blancs, figés en des attitudes nobles et graves, les yeux levés vers le ciel où
ils adorent la Croix rayonnante, symbole du Christ;
ces deux blanches figures, d'un relief puissant, rap-
pellent assurément les huit blanches silhouettes de
prophètes du Baptistère des Orthodoxes. A leurs
pieds, les deux colombes, thème familier à l'art
oriental, se désaltèrent au bord d'une large coupe;
ce dernier motif est particulièrement exquis de
grâce et de naturel; on n'a pas fait mieux aux Loges
du Vatican. Ailleurs, parmi les rameaux d'or, des
cerfs altérés viennent se rafraîchir à l'eau des fon-
taines; partout, aux murailles veuves de leur placage
de marbre, à la courbe des arcades, surgissent de
délicieux motifs d'ornementation, affectant une parenté étroite avec les décorations de l'étage inférieur du Baptistère, souples rameaux de vigne

jetés parmi les lis et les roses, et encadrant des
figures dorées de prophètes et d'apôtres. A la coupole enfin, une grande croix étincelle dans un
semis d'étoiles, avec les symboles des quatre Évan-
gélistes rayonnant dans les pendentifs. — On sort
charmé, recueilli; et cette décoration, où ne résonne
aucune note criarde, est comme un repos pour les
yeux, pour l'esprit, après les splendeurs de Saint-
Vital et du Baptistère.

L'arc longtemps tendu éprouve quelque besoin
de se détendre; il en est de même pour nous, et
l'esprit, le corps fatigués, l'un par une longue contemplation, l'autre par la chaleur et l'inégal pavé de
Ravenne, réclament repos et réconfort. A la grand'
Place, aujourd'hui place Victor-Emmanuel, nom qui
détone dans cette nécropole, nous retrouvons quelque animation mondaine : sous les arcades des palais
crénelés du xvᵉ siècle se groupent les oisifs, indiffé-
rents au souvenir de Théodoric ou de Justinien,
discutant les petits intérêts de leur petite cité; et,
au centre de la place, s'élèvent deux hautes colonnes
dessinées par Pietro Lombardi, supportant, l'une la
statue de Saint Apollinaire patron de la cité, l'autre
celle de Saint Vital, qui a remplacé le lion ailé de
Saint Marc. Pour être une cité morte, Ravenne n'en
a pas moins un bon hôtel, où le touriste peut se restaurer, trouver au besoin gîte confortable, si
l'envie lui vient, ce dont je ne saurais trop le louer,
de reprendre le lendemain en détail la visite rapidement ébauchée la veille. — Telle n'est point ma
détermination, et je le regrette un peu; la chaleur est
forte en effet, et, si elle se fait durement sentir à
l'intérieur de la ville, elle sera plus pénible assurément

au dehors. Mais un touriste digne de ce nom ne saurait négliger les *contorni di Ravenna* ; là encore nous attendent de grandes et précieuses attractions.

La plus rapprochée se ·trouve au *Mausolée de Théodoric*, vulgairement dénommé la *Rotonde*. Il est sis au nord-est de Ravenne, au milieu de jardins; la paix et la poésie, nous dit M. de Voguë, règnent dans les massifs d'arbres avoisinants ; le gardien cultive des œillets et des roses; joli nid de verdure au milieu duquel se dresse la lourde rotonde, semblable à une énorme carapace de tortue; décagonale dans le bas, circulaire à l'étage supérieur que recouvre une énorme calotte monolithe de 33 mètres de circonférence. L'aspect extérieur rappelle les édifices de la Syrie centrale, dans lesquels nous avons déjà reconnu des précurseurs de Saint-Vital et de Sainte-Sophie. Le poids colossal du monument a fait fléchir le sol, et le décagone de base avec ses dix arcades est à demi enterré dans le limon. — Un chemin de ronde circulaire en contre-bas, souvent envahi par l'eau donne accès à l'étage inférieur; une salle voûtée en forme de croix grecque l'occupe tout entier. Théodoric y fut inhumé en 530, par les soins de sa fille Amalasonthe; mais ses ossements hérétiques furent jetés dehors sans sépulture, au cours du xvi° siècle, et la salle demeure nue et vide, percée de quelques archères pour entretenir air et lumière. — Un double escalier extérieur conduit au premier étage : il est en retrait sur le rez-de-chaussée, voûté en coupole, et forme une sorte de chapelle. D'une manière générale, tant à l'extérieur qu'à l'intérieur, la décoration du monument est rare et sobre; c'est peu pour un roi barbare qui s'éprit aux charmes de la civilisation, qui fut grand sans être malfaisant, et dont le génie artistique, continuant l'œuvre de Galla Placidia, a préparé les grandeurs du règne de Justinien. Nous allons au surplus retrouver le monarque byzantin, et lui dire cette fois un adieu définitif.

Nous sortons de Ravenne par la Porte Neuve, au sud de la ville. Immédiatement, la campagne rase, plate et monotone, s'étend à perte de vue, coupée, mais non arrosée par quelques canaux aux eaux dormantes; route poudreuse, à peine çà et là quelques maisons chétives, quelques fermes en rompent la monotonie. Le soleil est brûlant, l'équipée paraît longue pour atteindre, à cinq kilomètres de distance, *San-Apollinare in classe*, la plus importante et peut-être la plus délaissée des basiliques ravennates. Commencée en 534, dès avant la conquête byzantine, par l'*argentier* Julien et l'archevêque Maximien, la construction reçut, au changement de maître, une nouvelle impulsion ; en l'an 549, elle était achevée et consacrée, et n'a subi depuis cette époque que les restaurations indispensables à sa solidité. — L'aspect extérieur est austère, et d'une simplicité rigide ; un narthex primitif, bas, auquel est accolé le *bâtiment des hôtes* ; trois fenêtres aveugles à la façade, et de flanc, tant aux collatéraux plus bas que le vaisseau qu'au vaisseau lui-même, une double rangée d'arcades aveugles décorant la muraille ; à gauche et non exactement adjacent, le haut campanile cylindrique. L'impression est grande, d'une beauté triste et profonde, de contempler l'église solitaire, perdue au milieu de ce désert fiévreux qui fut jadis le port de guerre de Ravenne ; et cette impression ne s'atténue point à l'intérieur.

Une longue file de colonnes de marbre s'aligne de droite et de gauche, dessinant la nef principale, et

supportant la muraille percée de rares ouvertures ; à
la grande nef comme aux nefs latérales, celles-ci notablement plus basses, la charpente de toiture est apparente. Le chœur demi-circulaire se dresse au haut
d'un large escalier, et se termine par une abside que
sept pans dessinent extérieurement. En avant du
palier, et immédiatement au-dessous de l'arc triomphal, s'élève le maître-autel, dont le baldaquin
moderne, de style baroque, est porté par quatre
colonnes en marbre d'Orient noir et blanc ; le chevet
est éclairé par de larges fenêtres. Au milieu même
de la grande nef se dresse — *selon l'usage antique*, lisons-nous quelque part, sans que nous découvrions
d'ailleurs ni le motif, ni la trace de cet usage dans
quelque édifice similaire — un petit autel en marbre
blanc, et c'est tout, du moins pour les linéaments essentiels de la basilique. Les murailles jadis, au
temps de la splendeur, furent revêtues de marbre, décorées de pierreries ; mais cette richesse a disparu.

Dans le détail, et en errant le long des basses nefs,
nous notons au hasard quelques éléments bien dé-
laissés de mobilier ornemental : ici, un vieil ambon de
marbre ; là, un baldaquin de pierre ou *ciborium*, orné
de fleurs et d'entrelacs, soutenu par quatre colonnes
cannelées en spirale, et recouvrant l'autel de saint
Eleucadius du IXe siècle, soit un des monuments les
mieux conservés du style italo-byzantin. Ailleurs,
des sarcophages d'archevêques présentant les caractéristiques indiquées plus haut : animaux affrontés
avec la croix entre deux, oiseaux se désaltérant au
vase mystique, scènes du Nouveau Testament ou de
la vie des Saints ; et, au couvercle, des croix ou des
imbrications. — Un de ces témoins des siècles pas-
sés, non le moins intéressant, est l'inscription sur

plaque commémorative, relatant le séjour que fit à
San-Apollinare un hôte illustre, l'Empereur d'Allemagne Otton III. Le plus romantique des Césars
allemands, nous dit M. de Voguë, avant ceux de notre
temps ! Il est attiré à Ravenne par son ancien pré-
cepteur, le Français Gerbert, dont je voyais il y a
quelques mois la statue à Aurillac, et qui fut à son
époque, par sa science universelle, une des person-
nalités les plus illustres du clergé occidental. D'abord
abbé de Bobbio en Italie, il est élu archevêque de
Reims en 995, passe de là à Ravenne, et ne quitte
cette ville en 999, que pour être élevé à la papauté
sous le nom de Sylvestre II. Or Otton, fils de la princesse grecque Théophanie dont le père est l'Empereur Nicéphore Phocas, poursuit la reconstitution de
l'Empire d'Occident avec les lois et les usages de la
Cour de Justinien, et intervient sans cesse dans les
affaires de Rome ; il a, en 996, fait périr traîtreuse-
ment le consul Crescentius, en démêlés avec le Pape
Grégoire V ; saint Romuald, le fondateur des Camaldules, lui impose en raison de ce crime une pénitence
publique. L'empereur vient de Rome à Ravenne pieds
nus, et y séjourne quarante jours sous le cilice, au
bâtiment des hôtes ; il y demeure davantage, et com-
mémore tous ces faits en une longue inscription de
style ardent et mystique, où l'on croit reconnaître,
neuf cents ans d'avance, la parole non moins empha-
tique d'un de ses successeurs au trône impérial.
Mais ce que ne pouvait relater l'inscription, c'est la
fin tragique de cette existence, et comment, ayant fait
de l'Italie son champ d'action, il vient mourir en 1002
à Paterno, empoisonné, dit-on, par la veuve de Crescentius, Stéphanie. Une autre victime de cette ven-
geance conjugale fut le malheureux Gerbert, empoi-

9

sonné de même, et expiant son intimité avec Otton III.

Cette digression historique nous a entraînés un peu loin de *San-Apollinare in classe*. Revenons sous sa colonnade, pour noter les intéressants chapiteaux byzantins aux feuilles pointillées dont j'ai déjà parlé, surmontés du puissant coussinet timbré de la croix, mais surtout pour admirer les mosaïques qui constituent la partie la plus remarquable de la décoration, celle qui s'impose d'une manière irrésistible. — En premier lieu, les parois des nefs, veuves de leurs revêtements de marbre enlevés au xvᵉ siècle, présentent en médaillons la série des Evêques et Archevêques de Ravenne, depuis le successeur de saint Apollinaire en l'an 74, jusqu'à l'Archevêque actuel qui est le 129ᵉ. L'abside est puissamment décorée ; au milieu de la demi-coupole formant cul-de-four, se dresse la croix gemmée inscrite dans un vaste médaillon bleu parsemé d'étoiles d'or : au sommet de la croix, le mot grec IXΘΥΣ : à la base, l'inscription *Salus mundi* ; à droite et à gauche, l'A et l'Ω, toutes désignations bien connues du Sauveur ; à la croisée des branches de la croix, le buste du Christ. Aux deux côtés, dans les nues, deux blanches figures drapées représentant Moïse et Elie ; au-dessous, trois brebis dressant la tête vers la croix ; et, au bas de la demi-coupole, dans une vaste prairie parsemée de fleurs, de cyprès, de pins, de laquelle s'envolent des oiseaux de toute sorte, saint Apollinaire entouré de douze brebis, contemplant, les bras levés, la scène grandiose qui s'accomplit au-dessus de lui. Cette scène est énigmatique, ou tout au moins symbolique ; est-elle une allusion à un rêve entrevu par le Saint ? a-t-on voulu, comme il a été dit, figurer dans le paysage le décor de la Pineta ? Quoiqu'une allusion au dogme de la

Transfiguration ressorte assez nettement, l'intention
ne se dégage pas bien : il y a mélange de symbolisme
et de réalité historique ; nous sommes en présence
d'un art de transition, ce qui s'explique par l'époque
de la construction, laquelle est légèrement anté-
rieure à l'achèvement de *San-Apollinare nuovo* et de
Saint-Vital. Le fond d'or sur lequel s'enlève la scène,
l'emploi de la nacre dans les mosaïques, accusent
incontestablement l'époque de Justinien.

Ces mosaïques de l'abside remontent au vi° siècle,
mais elles ne sont pas seules. En avant de la demi-
coupole en effet, à l'arc triomphal, monte de chaque
côté une nouvelle procession de brebis sortant des
villes saintes de Jérusalem et de Bethléem : elles
semblent se diriger vers le Christ, figuré en médaillon à la partie supérieure, dans une bande horizontale qui touche à la charpente du plafond, et où
apparaissent également, à droite et à gauche du médaillon, les symboles des quatre Evangélistes. A la
retombée de l'arc, de grandes figures d'Archanges
portent le *labarum*, et, au pourtour du chœur, s'é-
talent des scènes bibliques, les sacrifices d'Abraham
et de Melchisédech, des portraits d'évêques et d'empereurs romains ; une grande scène historique,
l'empereur Constantin VI remettant à l'archevêque
Reparatus une charte de privilèges, complète la
décoration. — Toute cette seconde série, où se lit
nettement, notamment dans les sacrifices bibliques
et dans la représentation des villes saintes, l'imitation
flagrante des mosaïques de Saint-Vital, est évidemment postérieure ; elle doit être reportée à la seconde
moitié du vii° siècle, et même au-delà. Cette décoration *in extremis*, où ne se rencontre plus l'effort
créateur, où le faire lui-même est médiocre, trahit

la décadence où tombe l'art chrétien après Justinien. Mais on oublie ces défaillances pour ne considérer que l'ensemble ; et, se reportant en arrière, on
admire les blancheurs éclatantes qui se détachent sur
fond sombre, bleu ou vert naturel ; on est charmé
de cette double procession de blanches brebis, pleine
encore de naïveté, malgré l'artificiel et le convenu ;
plus loin encore, après ample recul, on demeure
saisi et stupéfait devant le superbe alignement de
colonnes de marbre, cortège plein de grandeur, au
milieu duquel se dresse, perdu en l'immensité, le
petit autel du centre de la nef. — *Pulcherrima
omnium !* telle est l'impression que je trouve consi-
gnée sur mon carnet ; elle demeure pour moi l'impression finale, car c'est aussi le dernier adieu à un
passé qui fut glorieux, duquel il ne reste plus que
le squelette.

Un peu en arrière sur la gauche, mais perdue dans
la campagne déserte, desservie par un médiocre
chemin qui borde le canal, plus abandonnée encore
que *San-Apollinare in classe*, se dresse une dernière
basilique, celle de *Santa-Maria in porto fuori;* elle
est plus moderne, bâtie à la fin du xiᵉ siècle seulement.
L'aspect extérieur rappelle celui de *San-Apollinare in
classe* ; elle jouait, pour le port de commerce de
Ravenne, *Porto*, le rôle que *San-Apollinare* remplis-
sait, nombre de siècles auparavant, pour le port de
guerre *Classis* ; le campanile quadrangulaire adjacent
aurait pour fondements ceux de l'ancien phare. Un
monastère s'élevait au voisinage immédiat de l'église.
A l'intérieur, type basilical à piliers avec charpente
apparente ; grandes arcades en plein cintre retombant
directement sur le chapiteau sans tailloir ni coussinet. Au xivᵉ siècle déjà, le monument était en

fâcheux état ; il fut restauré, et reçut des fresques où
se reconnaît le faire de l'école de Giotto. Ces fresques,
en mauvais état, ont surtout une valeur historique ;
on y voit des scènes de la vie du Christ et de la Vierge,
des épisodes empruntés à l'existence du fondateur
du monastère, Pierre degli Onesti, et l'on veut reconnaître, parmi les figures représentées, quelques-uns
des personnages célèbres, à Ravenne et dans la région, à la fin du xiiie et au commencement du xiv^e
siècle : c'est Francesca di Rimini et sa parente Clara
da Polenta, fondatrice d'églises à Ravenne ; c'est
Guido da Polenta, l'hôte de Dante, et le poète lui-
même, dans un groupe de trois personnages (1). —
Mais tout cela n'est plus que grandeur déchue : à la fin
du xve siècle, les religieux de *Santa-Maria in porto
fuori,* chassés par le paludisme, quittent la campagne
empestée, et se réfugient à Ravenne ; un grand monastère y est bâti pour eux, dont subsiste le cloître, et
cinquante ans plus tard s'élève sur le terrain adjacent
la belle église Renaissance de *Santa-Maria in porto.*
Bientôt les suivent les Camaldules de *San-Apollinare
in classe* ; la solitude et la tristesse prennent d'une
manière absolue, définitive, possession du terrain où
s'élevaient jadis les deux monastères.

Rien n'est plus navrant que cet ensemble désertique, et le soleil qui darde ses pleins rayons ne
parvient pas à l'égayer, à lui rendre vie. D'autres
souvenirs cependant s'imposent encore en cette plaine
au touriste français, souvenirs de gloire et de tristesse tout à la fois. Sur la droite de *San-Apollinare in*

(1) Francesca était fille de Guido da Polenta, seigneur de Ravenne ;
elle épousa Lanciotto, fils de Malatesta seigneur de Rimini. Lanciotto
était laid et boiteux ; il avait un frère, Paolo, qui était beau et que
Francesca aima. Telle furent les origines du drame, tout récent à
l'époque où écrivait Dante, et auquel le poète, dans sa *Divine Comédie,*
l'Enfer, chant V, a donné une renommée immortelle.

classe, et du côté opposé à *Santa-Maria in porto fuori*, aux bords du Ronco, un des canaux aux eaux saumâtres, sans écoulement, qui sillonnent la plaine, se livra, le 11 avril 1512, jour de Pâques, une des plus sanglantes batailles de nos guerres d'Italie. L'armée française, commandée par Gaston de Foix duc de Nemours, assiégeait Ravenne : le Roi son oncle venait de lui confier le gouvernement du Milanais, et le jeune général de vingt-trois ans avait déjà, en sauvant Bologne, en reprenant Brescia, montré ce qu'on pouvait attendre de lui. Il vient mettre le siège devant Ravenne, et donne à la place un assaut infructueux ; pendant ce temps survient l'armée de secours, troupes coalisées du Pape et du roi d'Aragon ; il faut lui faire face. — La position de Gaston est critique : d'un côté, la place qui se défend ; de l'autre, massée derrière le Ronco, l'armée adverse qui le presse ; le Français n'hésite point : il passe le canal, et aborde l'ennemi.

Les chroniqueurs du temps, Fleuranges, Guicciardini, le *bon chevalier* de Bayard, nous ont retracé la bataille, et nous dépeignent, comme des héros d'Homère, les guerriers qui vont se trouver face à face : du côté des Français, Gaston et le duc de Ferrare, la Palisse, Bayard, Louis d'Ars, Yves d'Alègre, et les chefs intrépides, créateurs de l'infanterie française, Molard, Duras, Riberac, la Cropte, sans parler des auxiliaires, bandes suisses, lansquenets allemands, *condottieri* italiens : de l'autre côté, Pedro Navarro, le savant ingénieur espagnol, Fabricio Colonna, Pescaire, de Leyve, et don Ramon de Cardona, vice-Roi de Naples. L'Eglise est représentée dans les deux camps ; avec les Français, le Cardinal de San-Severino, légat du *Conciliabule* de Milan, « qu'à ses armes, à

« son ardeur martiale, on prendrait plutôt pour un
« capitaine », dit la Chronique ; chez les ennemis, le
Cardinal Jean de Médicis, légat de Jules II. Les coa-
lisés sont inférieurs en nombre aux Français ; mais
l'avantage de la position, le Ronco à traverser, le
camp savamment fortifié par Navarro, compensent
cette infériorité.

Un grand duel d'artillerie s'engage, canonnade
épouvantable, qui moissonne l'infanterie française,
lui tue plus de 2.000 soldats, sans lui faire lâcher pied.
Les deux cavaleries, lasses de cette boucherie, en
viennent aux mains : Gaston charge en tête et cul-
bute l'ennemi. Les infanteries s'abordent à leur tour ;
nos Français reviennent obstinément à l'attaque, sans
cesse repoussés par l'infanterie espagnole qui combat
à la manière des anciens Romains, avec l'épée
et le bouclier, jusqu'à ce que la gendarmerie de
France, inaugurant cent ans à l'avance la manœu-
vre de Rocroi, vienne charger en queue les bataillons
de Navarro, les rompe, et les force à la retraite :
« Les archers de la garde, chargeant en réserve,
« portaient à l'arçon de leur selle de petites coignées
« qui leur servaient à dresser le logement ; ils les
« mirent en œuvre, et, frappant à grands coups sur
« l'armet des Espagnols, ils en assommaient autant
« qu'ils en frappaient. » Journée gagnée après dix
heures de lutte ; les ennemis cèdent le champ de bataille, laissant 7.000 morts, artillerie, bagages, pri-
sonniers, parmi lesquels le Cardinal de Médicis,
Navarro, Colonna.

« Restait cette redoutable infanterie de l'armée
« d'Espagne...... » soit un gros d'infanterie espagnole
qui, s'étant rallié, se retirait en bon ordre le long
du Ronco pour le traverser et gagner Ravenne ; elle

marchait, et repoussait les détachements qui la har-
celaient. Gaston voit là une victoire à compléter : il
se précipite avec quelques gentilshommes, est entouré, désarçonné, se défend comme Roland à Ron-
cevaux, et, malgré les cris de son cousin Lautrec,
clamant aux Espagnols d'épargner le neveu du Roi
de France, le frère de leur Reine, il tombe percé de
mille coups. Ainsi finit en paladin ce héros si sage
jusqu'alors, si maître de lui. « Mémoire de lui sera,
« tant que le monde aura durée, » écrit Guicciardini.
Ravenne est prise et pillée, mais avec Gaston a péri
toute la vigueur de l'armée, et, à dater de ce jour, le
bon Roi Louis XII n'a plus que défaites en Italie. —
Aujourd'hui, le long du Ronco, dans la brousse d'où
émergent quelques peupliers, une colonne se dresse,
la *Colonna dei Francesi*, commémorant la victoire et
la mort de Gaston de Foix. N'oublions jamais les
braves qui ont versé leur sang pour la gloire du
pays !

Au delà de *San-Apollinare*, la plaine se poursuit,
triste, désolée, poussiéreuse, de rare culture, bientôt marécageuse aux abords de la mer, qui là-bas mi-
roite à six kilomètres, — nous n'irons pas jusque-là.
Notre objectif est la *Pineta*, le bois de sapins que
Dante, Boccace, Dryden et Byron ont successivement
célébré. Encore quelques canaux d'eau dormante où
croupissent les herbes, les fleurs d'eau, nymphées,
iris, nénuphars jaunes. Et voici le bois, le canal s'en-
gageant sous la feuillée, les vieux pins parasols se
profilant sur le hallier de chênes-verts et arbustes
épineux. Les mille fleurs qui, au printemps, tapissent le fourré, ont disparu, brûlées par le soleil de
Juillet ; quelque odeur de résine flotte dans l'air,
mais surtout foisonnent les nuées de moustiques,

s'envolant sur les flaques d'eau saumâtre, à droite, à
gauche du canal. La forêt est dévastée, les beaux arbres ont succombé aux hivers trop rudes, l'illusion
s'est envolée, ou du moins ne vit plus que de souvenir. Et à travers le hallier clairsemé, d'où l'ardente lumière du jour chasse toute ombre propice
au recueillement, à peine peut-on évoquer quelque
blanche apparition qui serait la *Béatrice* du divin
poète. Là en effet, raconte-t-il, « sur le rivage de
« Chiassi (*Classis*) où l'on entend la vaste forêt de
« pins gémir de branche en branche, mes pas
« furent soudain arrêtés par des ruisseaux dont les
« ondes légères inclinaient les herbes parsemées
« sur les bords. Une femme solitaire m'apparut, qui
« chantait en cueillant une à une les fleurs dont la
« route était ornée. Le fleuve nous tenait éloignés
« seulement de trois pas... » (*Divine Comédie, le
Purgatoire, Chant* XXVIII).

Poétique ressouvenir, calme profond, solitude absolue et pleine de charme, n'étaient l'incommode
nuée de moustiques tourbillonnant sur nos têtes, et
les émanations fiévreuses qui flottent à la surface des
eaux ! On s'arrache aux langueurs, aux dangers de
la Pineta ; mais le touriste a perdu sa gaieté et son
entrain ; tant d'images diverses se mêlent dans son
esprit, que les évocations dernières ont achevé de
troubler !... A peine, au retour, jette-t-il un regard
sur le bassin, amorce du canal Corsini, par lequel, depuis 1737, Ravenne est remise en communication
avec la mer : de rares balancelles y oscillent lentement ; quelques vapeurs déchargent des bois, des
matériaux de construction : tout cela sommeille, l'animation a fui, et s'est envolée pour toujours ! Nous
fuyons de même, à regret, silencieux, échangeant va-

guement nos impressions ; en gare de Bologne seulement, trois heures plus tard, nous renaissons à la
vie, mais nous emportons, ce qui ne meurt point,
d'éternels souvenirs.

Ici se clôt la partie essentiellement archéologique
de mon voyage. La Lombardie me réserve encore de
gracieuses attractions, mais elles seront d'un ordre
absolument pittoresque, et, si l'archéologie y trouve
place, ce ne sera plus que par accident.

De Bologne, je gagne en droite ligne Milan. Le
train, selon la fâcheuse coutume italienne, est en
retard d'une heure ; pour un peu, en gare de Milan,
je manquerais la correspondance d'Arona. Nous touchons ici au lac Majeur, et la grande attraction est
la statue de saint Charles Borromée, s'élevant à un
kilomètre de la ville, sur une colline qui domine au
loin la région. Le colosse de cuivre et de bronze. —
la tête, les mains et les pieds sont en bronze, la
robe en cuivre battu, — fut érigé en 1697; il se dresse
sur un piédestal de 13 mètres de haut, et atteint
lui-même une hauteur de 21 mètres. La tête est nue;
une des mains s'allonge dans une attitude bénis-
sante, l'autre supporte un énorme in-folio. Malgré
ses proportions gigantesques, 6^{m}50 de tour de tête,
0^{m}85 pour la longueur des oreilles et celle du nez,
9 mètres pour la longueur du bras et 1^{m}95 pour
celle de l'index, la statue est bien faite, et n'a rien
de démesuré, sauf la dimension des oreilles qui
paraît excessive. — Un escalier extérieur, en forme
de cage branlante, permet au visiteur d'atteindre le
sommet du piédestal, et l'on se glisse sous la jupe
du Saint, on se hisse intérieurement, à la force du
poignet, le long d'une échelle perpendiculaire, jus-

qu'à la hauteur du genou. L'obscurité s'épaissit de
plus en plus, bientôt nuit complète. Mais ce n'est
pas tout : l'échelle cesse brusquement pour faire
place à des crampons encastrés de droite et de gauche
en dedans de la statue : il faut au jugé, sur les indi-
cations d'un vague petit *cicerone*, s'accrocher ici,
puis là, entamer une série de voltes sinon périlleuses
du moins gênantes, par une chaleur suffocante, et
sans que la lumière se fasse, car pour atteindre à la
bouche, au nez, aux yeux, sources de clarté, l'excursion est encore longue, et de plus en plus pénible ;
il est vrai que l'on a pour dédommagement, la perspective de s'asseoir dans le nez du Saint. J'ai déjà
éprouvé cette même satisfaction à Paris, lors de
l'Exposition de 1878, de la part de la statue de la
Liberté éclairant le monde, de Bartholdi, destinée à
New-York ; plus tard, je me suis assis à Munich,
dans le nez de la *Bavaria* ; mais à l'une comme à
l'autre, l'ascension était plus commode. J'en reste donc
là cette fois, et, suffocant à demi, couvert de
sueur, je me risque à descendre, ayant pour conso-
lation immédiate la jouissance du merveilleux panorama qui, du haut de la colline, se découvre sur la
ville d'Arona, sur le lac, sur la région, depuis Milan
jusqu'aux Alpes.

Le train me reprend, et m'entraine en contournant
les sinuosités du Lac. Belgirate, Stresa, Baveno, contrée riante, site admirable ; comment se décider à
quitter ce merveilleux pays ? Donc, un temps d'arrêt
avant de m'engager de nouveau dans les montagnes.

Baveno, charmante station d'été, s'étend au bord
du Lac, dans un golfe que resserre en face le promontoire de Pallanza. Sur la rive, beaux hôtels, villas
riantes, riche végétation méridionale bien abritée par

la haute colline. Devant moi, en plein golfe, les trois
îlots charmants, trois joyaux enchâssés d'azur, dont
le groupe constitue le petit archipel des îles Borromées ; on croirait des bateaux à l'ancre, garnis de
verdure, de maisons blanches étincelant au soleil ; à
droite, l'*Isola Bella* avec le palais des Borromées et
les jardins qui s'élèvent en gradins jusqu'à la pointe
de l'île ; à gauche, l'*Isola dei Pescatori*, plus resserrée,
plus modeste, un entassement d'habitations basses ;
plus loin, en arrière, l'*Isola Madre*, massif de verdure
duquel émerge un blanc palais carré. A la rive opposée, l'élégante agglomération de Pallanza. Au delà,
le sol se relève en croupes boisées, sur l'un et l'autre
bords ; le lac fuit vers le nord, entre les deux pointes
de Pallanza et de Laveno, et à l'extrême horizon se
dresse la haute chaîne des Alpes, où étincellent
quelques pics neigeux. Tel est le site ravissant, où
vont s'écouler pour moi deux agréables journées.

En ce paisible village de Baveno, tout entier au
bord du Lac, resserré et comme écrasé par ses car-
rières de granit blanc, simplement animé par l'incessant mouvement des vapeurs qui déversent leur con-
tingent de touristes, il ne semble point que l'archéo-
logue trouve matière à glaner. Rien ne coûte cependant de chercher, et voici qu'en arrière, au sommet
d'une grimpette caillouteuse, je débouche sur une esplanade de grandeur médiocre où, dans le calme, le silence le plus absolu, se dresse un trio d'édifices, sinon
de haute valeur archéologique, du moins dignes de
quelque intérêt. L'église ancienne, sans grand caractère architectural, à laquelle il n'est guère facile d'assi-
gner une date, est précédée d'un portique à la mode
italienne, et flanquée d'un second portique minuscule
à l'une de ses faces latérales ; façade simple, avec dou-

ble rampant de fausses arcatures parallèle aux rampants du pignon ; haut clocher-campanile carré. Sous
le portique, incrustée dans la muraille, une inscription
facile à déchiffrer:

Tr. Optimus Ti. Claudii Cæs. Aug. Germanici Ser.
Dariæ et Dianæ memoriæ et Tarpeiæ sacrum. Reno-
vat. anno M.D.CCLXXXV.

Ici donc, les Romains ont marqué leur empreinte
par la construction d'un temple païen, dont il ne reste
guère que le souvenir. Ils connurent et pratiquèrent
ces cols des Alpes, et toujours, au débouché des
montagnes, ils s'assuraient en plaine de quelque station qui pût garantir leur sécurité. Baveno, après
Domo d'Ossola, aurait été un de ces postes. — En
arrière de l'église, un baptistère ancien restauré en
1795 ; et, latéralement à l'esplanade, une galerie
voûtée en plein cintre, soutenue par des colonnes
élancées, ornée de fresques d'un intérêt médiocre
qui représentent le Chemin de la Croix. Tout cet
ensemble assurément modeste, est néanmoins intéressant par le constraste des souvenirs antiques avec
la réalité présente.

Stresa, la station voisine et sœur de Baveno, est
plus animée, plus mondaine, une véritable petite cité
italienne avec ses belles maisons pourvues d'arcades
au bord du Lac, et en arrière, ses ruelles dallées,
étroites, s'élevant au flanc de la colline pour se
perdre dans les jardins. Riche végétation de châtaigniers, mûriers, vignes, oliviers, figuiers, charmantes villas enfouies dans la verdure ; la prome-
nade est ravissante, et le touriste se complaît en ce
merveilleux Eden. A mi-hauteur, sur une terrasse
naturelle qui domine le Lac, s'élève l'ancien couvent
des Rosminiens, avec chapelle et monument funèbre

du fondateur mort en 1855. La statue d'Antoine
Rosmini est à genoux, drapée de l'ample manteau
ecclésiastique, tête coiffée de la petite calotte sacer-
dotale, dans l'attitude de la méditation et de la prière.
Le visage émacié a une expression touchante de
bonté, de douceur et de finesse tout à la fois ; le manteau est bien dessiné. Donc l'idée morale se dégage
nettement, et le faire artistique est d'une impeccable
perfection ; la réunion de ces deux qualités n'étonne
point, lorsqu'on se reporte à la signature : *Vela*, le
sculpteur de grand talent dont j'ai parlé plus haut, à
l'Exposition de Milan. Une légende élogieuse com-
posée du vivant même de Rosmini par le Pape Grégoire XVI, relate ses vertus, et dit ce qu'il fut pour
la science et pour l'Eglise.

De Stresa ou de Baveno, indifféremment, le touriste
s'embarque pour les Iles Borromées. D'abord à l'Isola
Bella, l'île capitale, la Reine du groupe. Quels souvenirs pour moi ! J'y venais pour la première fois il
y a quarante-cinq ans, bachelier de la veille, tout entier aux joies d'un premier voyage, et déjà je notais
mes impressions en quelques pages dont la naïveté
me fait sourire aujourd'hui. On voit mieux plus tard,
surtout on décrit un peu mieux, mais la *fior di ju-
ventù* s'est effeuillée sans retour !...

J'y revenais il y a huit ans ; j'y viens encore aujourd'hui, pour la dernière fois sans doute ! — La
physionomie s'est peu modifiée, sauf au rivage où les
hôtels, les cafés, les guinguettes ont progressé, se
mettant au niveau d'une vogue sans cesse croissante ;
mais comme autrefois, les ruelles pierreuses grimpent et se ramifient en recoins sordides, la petite
église étale ses dorures italiennes. Tout l'intérêt est au
Palais qui, par lui-même et par ses jardins, absorbe

la moitié de la surface de l'île. Deux petits canons
dorment au sommet du palier qui s'ouvre devant le
bâtiment en fer à cheval. Voici la série des salles richement ornées, la galerie de tableaux avec toiles
de Luca Giordano, le lit où Bonaparte dormit à la
veille de Marengo, les tapisseries flamandes du xv⁰
siècle, la salle de bal toute en glaces, la salle du Trône
avec mobilier somptueux, portraits. siège d'apparat
au-dessus duquel s'étale l'écusson des Borromées ;
puis la grotte des coquillages en sous-sol, et ses voisines pavées de mosaïques, tout un ensemble de décoration un peu factice, mais plaisant à l'œil. — Le
gardien du Château nous remet aux soins de son collègue des jardins, et la visite se poursuit. C'est un
triomphe de l'art, d'avoir fait pousser sur ce rocher
de schiste toute la flore des tropiques avec une vigueur sans pareille ! camphriers, sensitives, euca-
lyptus, papyrus, camélias, araucarias, cèdres, lauriers-
roses et cyprès ; peu de fleurs, l'été d'une chaleur
sans pareille en a vite étouffé la floraison. Plus loin,
la volière, des bosquets de citronniers, de magnolias,
et les dix terrasses superposées, s'élevant à trente
mètres au-dessus du lac, avec tout un peuple de statues. Même sensation qu'au Château : trop de décoration peut-être, trop de factice et de convenu dans
cette exagération du genre rococo, mais tout cela
charmant, et le merveilleux panorama d'ensemble,
le lac bleu miroitant à nos pieds, les rives verdoyantes,
les cimes neigeuses du Simplon se profilant au fond du
golfe de Pallanza, cet ensemble fait oublier les petites dissonances de détail. L'arbre de Napoléon a
disparu, un chêne-liège sur lequel, peu de jours avant
Marengo, il gravait à la pointe de son couteau le mot
fatidique de *battaglia* ; j'interroge le gardien, un

vieux brave à moustache grise qui déjà me guidait il
y a quarante-cinq ans ; tous deux nous avons vieilli !
l'arbre de même ; bien plus, il est mort, apparemment tué par les Anglais, grands dépeceurs de souvenirs historiques.

Au dehors, et à la pointe de l'île opposée aux jardins, l'abside du Palais est ruinée, et n'a point été
réparée ; la plage basse s'allonge dans la direction
de l'île voisine, et disparaît sous le flot ; entre deux,
un petit îlot à fleur d'eau. Peut-être est-il à vendre,
et je rêve déjà d'y établir une villa, non point somptueuse comme celle du peintre Chartran à la pointe
de Clarens sur le lac de Genève, *parvula, sed satis
apta mihi...* Mais le comte Borromée entend se ré-
server domination complète sur son archipel ; il faut
renoncer au rêve d'être co-seigneur des Iles.

L'*Isola dei Pescatori* a perdu son primitif et gracieux vocable pour recevoir le nom officiel d'*Isola su-
perior*; mais c'est toujours l'*île des pêcheurs*, et les fi-
lets qui sèchent au soleil sur la grève protestent d'eux-
mêmes contre le changement de nom. Elle se mo-
dernise au surplus, et les cafés sur la rive, les deux
trattorie aux deux pointes de l'île, indiquent le progrès social ; sortons vite du convenu, et mettons-
nous en quête de couleur locale, avant que la civilisation l'ait tuée. Elle est partout en cet îlot charmant par sa rusticité, longue plage rocailleuse où
s'alignent les vieilles masures au haut perron branlant, ruelles en escaliers grimpant en arrière, et se
contournant pour aboutir à quelque réduit mal odo-
rant. A la proue de l'île, car mieux encore qu'Isola
Bella, l'Ile des Pêcheurs évoque l'image d'un bateau
à l'ancre, à la proue longue et étroite battue par
la vague bleue, quelques fragments de muraille

archaïque se dressent ; près d'eux, de pauvres petits
palmiers que courbe et balaie le vent impétueux.
— Une longue ruelle caillouteuse perce l'île de part
en part ; les habitations frustes s'alignent de
droite et de gauche, se rejoignant presque au sommet, parfois enjambant la ruelle par quelque arceau ;
de place en place, une voûte latérale ménage une
échappée sur le lac bleu. Voici, sur une place en
miniature, la petite église toute dorée, un bijou de
clinquant avec ses ornements métalliques, ses tableaux, ses chapelles latérales, ses arcades en anse
de panier ; un portique à colonnes la précède : la
chaire ressort en ronde-bosse à l'extérieur : encore
un peu, on l'eût reportée au-dehors, afin de ména-
ger l'exiguïté de l'édifice.

Et je continue ma flânerie dans ce microcosme désert, silencieux, à l'heure la plus chaude du jour ;
mais l'étroitesse de la ruelle entretient quelque fraîcheur. A l'extrémité, le cimetière fleuri ; enfin, à la
poupe du navire, la *trattoria del Verbano*, faisant face
à l'abside ruinée de l'Isola Bella. Le vent souffle en
tempête, le lac se ride, se gonfle, et bientôt devient
furieux ; de véritables lames, sur lesquelles danse plus
que de raison une petite embarcation venant de Pallanza. Je reprends la longue et pittoresque ruelle
jusqu'à la *trattoria Belveder* : l'accueil est cordial,
mais ne point réclamer d'eau potable : il n'existe dans
l'île aucune fontaine. Surviennent des Allemands
ergotant sur le menu, une famille de bons Belges,
encore tout émus et trempés par le flot, car ils étaient
passagers de cette barque qui dansait si bien sur la
vague. L'instant après, je suis moi-même un peu
secoué dans la traversée de l'île à Pallanza, et le va-

peur embarque quelques paquets... de mer, allais-je écrire.

Pallanza, au pied du Monte Rosso, est la station la plus considérable du golfe : beaux hôtels, magasins élégants, massif hôtel-de-ville abritant sous ses arcades musique et promeneurs ; d'ailleurs peu de couleur locale, station exclusivement mondaine. Deux églises haut perchées : l'une toute moderne, sans caractère, avec deux chaires en face l'une de l'autre, auxquelles donne accès une porte pratiquée dans l'intérieur du mur, motif déjà remarqué dans la région ; l'autre plus ancienne, au type habituel de la contrée, portique et haut campanile, dorures à l'intérieur, mais sans l'exagération coutumière. Et je reviens au petit port, où le vent soulève des tourbillons de poussière ; joli jardin à quai, îlots verdoyants, jetée que termine une statue de saint Charles Borromée. Un vapeur aborde, il dépose une nuée de touristes masculins, importants, affairés : c'est un congrès de gazistes, chuchote-t-on. Les congrès fourmillent en cette saison, dans ce beau pays, et bien souvent la science y dégénère en gastronomie ; honni soit d'ailleurs qui y trouve à redire !

Une autre journée d'excursion me conduit au petit lac d'Orta, sis à l'ouest du lac Majeur dont il est séparé par le massif du Motterone, peu connu, peu fréquenté des touristes. dans l'esprit desquels lui nuit le voisinage de son grand frère. Je l'ignorais moi-même il y a peu de temps encore : un roman de la *Revue des Deux Mondes*, les Roquevillard, de M. Henry Bordeaux, me révéla son existence, et me donna le désir de le visiter. N'est-ce pas un charme pour le touriste, de s'écarter des sentiers battus ? En aucune façon d'ailleurs ma journée ne sera perdue, car à Orta je retrouverai le souvenir d'une noble physionomie dijonnaise.

La route longe le lac, au pied des escarpements granitiques qui dominent Baveno. Feriolo marque l'extrémité du golfe de Pallanza ; puis une plage d'alluvion formée par les apports de la Strona, émissaire du lac d'Orta, et de la Toce, descendue du massif des Alpes. Ces apports ont coupé de la nappe principale le petit lac de Mergozzo, et l'ont laissé en arrière comme témoin des anciens contours du lac Majeur. De même se développe sans cesse, à l'extrémité septentrionale du lac, le delta de la Maggia, tendant à isoler également de la nappe principale le bassin de Locarno. — Je remonte le cours de la Strona, qui décrit un arc de cercle autour du Mottlerone : Gravellona, Granarolo, Crusinallo s'alignent le long de la route poudreuse ; Omegna, où j'atteins le lac d'Orta, jolie bourgade à l'église précédée du portique habituel, haut clocher carré à la façade, toute dorée à l'intérieur et garnie de fresques. Partout des fresques, en ce pays où la joie de vivre éclate par les voyantes manifestations artistiques, les calvaires le long des routes ; même vitalité de toutes parts, dans la végétation exubérante, dans la vigne grimpant pour se ramifier le long des perches horizontales. Le petit lac s'étend parallèlement au lac Majeur, enserré de montagnes boisées, bordé de blancs villages qui s'enfouissent dans la verdure, un mélange d'âpreté et de grâce résumant le charme de la nature lombarde. Pettenasco, église avec portique et campanile décoré de bandes lombardes, abside demi-circulaire. Toutes ces églises de village se ressemblent : portique, simple clocher carré surmonté d'une flèche, abside plus ou moins développée ; souvent le cloître et le campanile adjacents. Mais le paysage s'accentue, et revêt une physionomie spéciale : une colline plantée d'arbres s'avance en promontoire au-dessus des eaux, la ville s'éparpille sur la rive, et, au centre même du lac, une petite île toute bâtie, avec campanile à l'avant, semblable à un cuirassé échoué sur une nappe d'eau minuscule ; nous sommes à Orta.

La ville est enserrée entre le lac et la montagne escarpée qui la domine ; une longue rue dallée, étroite ; sur la grand'place en forme de *marine*, un curieux petit hôtel-de-ville, ceint d'arcades, décoré de fresques. Les ruelles grimpent et s'escarpent au flanc de la colline ; à mi-hauteur l'église, grande et belle, dorée, peinte à fresque, voûtée en anse de panier, surmontée d'une coupole ; près d'elle, un vieux palais, la *Casa dei gemelli*, décorée à la fa-çade de fresques et de médaillons en stuc. Et l'ascen-sion se poursuit, le long du *Monte Sacro*, à travers les jardins et la verdure justifiant le nom et les armes de la bourgade : *Orta, Hortus, un arbre de sinople sur champ d'argent*. Au sommet du mont s'étend une vaste esplanade au terrain accidenté, occupée par un bois de sapins, de châtaigniers, de mélèzes, de pins parasols, où s'abritent les vingt chapelles et sanctuaires, construits au xvi° siècle, et consacrés à saint François d'Assise ; chaque édicule orné de figures en grandeur naturelle, terre cuite peinte, représentant quelque épisode de la vie du Saint. Un seul de ces édicules revêt une importance véritable-ment artistique : c'est celui du sommet extrême, de forme cylindrique avec élégante coupole et pourtour supporté par de grêles colonnettes de granit ; on en attribue le dessin à Michel-Ange.

Du haut de cet observatoire naturel, la vue est gracieuse et charmante sur les pentes boisées, plus bas les vignes, la petite cité s'étalant sur la rive, et l'ilot de *San-Giulio* en plein lac; non moins charmante est la rêverie sous les épais ombrages, en solitude complète. Quelques instants plus tard, je redescends les rampes du Sacro Monte, j'embarque et je vogue vers la petite ile évangélisée, civilisée en 379 par saint Jules venu de Grèce. Un microcosme séparé du monde extérieur, bordé de terrasses, échancré çà et là de petits ports privés pour barques de plaisance, d'un débarcadère minuscule dominé par une vieille petite tour de défense, et conduisant par quelques marches au seuil de l'antique église. Fondée par saint Jules, mais plusieurs fois restaurée dans la suite des siècles, elle est toute dorée, toute mignonne, et contient néanmoins, dans son exiguité, les éléments d'une cathédrale de puissante envergure : coupole, transsept, bas-côtés bordés de colonnes, chaire-ambon en marbre noir du viii° siècle portée sur quatre piliers, vieux bas-reliefs romans recueillis dans le lac, suivant la légende, et représentant l'arrivée de saint Jules dans l'ile : de beaux chapiteaux romans, des fresques de Luini. A la sacristie se continue la suite des trésors, des bas-reliefs en bois du iv° siècle (?) figurant la vie de saint Jules et ses miracles, de beaux tableaux de Carlo Dolci et de Sasso Ferrato. Tout cela pour une ile minuscule qui, en dehors du Palais, du Séminaire et de ses cent cinquante jeunes lévites, de la maison de retraite pour les vieux prêtres, renferme au plus cinquante habitants : mais la paroisse n'est pas tout entière dans l'ilot : elle s'étend au loin sur la rive, y compte huit cents paroissiens, et c'est le dimanche spectacle curieux de voir une flottille amenant les fidèles à la messe.

Ainsi nous raconte le jeune clerc, faisant l'office de sacristain ; mais pour moi Bourguignon, cet îlot a un autre attrait : — Au cours du xᵉ siècle y naissait un homme dont Dijon ne doit pas perdre le souvenir, Guillaume, fils du comte Robert de Volpiano et de Perinza d'Ivrée. Vassal de Bérenger marquis d'Ivrée, qui s'empara du trône de Bourgogne transjurane à la mort du dernier roi Lothaire. Robert défendait les intérêts de son Suzerain : il est assiégé dans San-Giulio par l'Empereur d'Allemagne Otton-le-Grand, qui a épousé Adélaïde, veuve de Lothaire ; contraint de capituler, il obtient que l'Empereur et son épouse présentent sur les fonts baptismaux le fils qui vient de lui naître. Cet enfant, venu au monde dans des circonstances tragiques, devint moine de Lucedio au diocèse de Verceil, passa plus tard à Cluny, et prit en 990 possession de l'abbaye de Saint-Bénigne ; sous son nom, celui de Guillaume, il fut un des plus illustres chefs de notre monastère dijonnais.

Peut-être l'abbé Guillaume a-t-il reçu le jour au Palais Casati que je visite l'instant après, demeure d'une de ces vieilles familles milanaises qui ne passent guère que quelques mois chaque année dans la grande cité, et vivent habituellement à la campagne ; le luxe immodéré de notre époque, la nécessité de se restreindre ont déterminé cette crise d'absentéisme. Le Comte Casati lui-même nous reçoit, et fait gracieusement les honneurs de son palais, riche de ces merveilles artistiques, décoratives, que l'art italien prodigue sans compter, riche

des souvenirs que les familles au-delà des monts
savent pieusement conserver.

Il faut dire adieu à l'Italie. Parti de Baveno à la
dernière heure, je remonte la vallée de la Toce, je
traverse au jugé Domo d'Ossola. Je quitte le pays
du soleil pour remonter vers les neiges ; l'obscurité m'empêche de noter en sens inverse les
transformations de climat et de culture qui me ré-
jouissaient quinze jours auparavant : il est depuis longtemps nuit close, quand j'atteins Iselle, au débouché du col du Simplon. — Debout le lendemain à la
pointe du jour ; mais le soleil a peine à se glisser
dans cet entonnoir : la vallée, plutôt ravin, se resserre entre deux lignes de roches abruptes, ne laissant place qu'à l'unique rue du bourg et au torrent de
la Diveria, affluent de la Toce, qui se brise avec
fracas sur un lit de rochers. Végétation nulle, rien
que la roche vive ; où est le beau ciel de l'Italie ?
réflexions maussades, auxquelles coupe court un départ précipité.

Depuis l'ouverture du tunnel international, la diligence de Brieg a transporté de Domo d'Ossola à
Iselle son point d'attache ; que ce mot de *diligence*
au surplus n'effraie personne ; il s'applique en réalité
à un confortable landau qui, en sept heures de temps,
nous rendra sur l'autre versant, à Brieg. Donc, né-
gligeant le tunnel qu'il faut avoir vu, mais qui, au
point de vue pittoresque, me laisse un médiocre souvenir, j'aborde la route du Simplon, œuvre de Napoléon 1er, ne l'oublions pas, à une époque, 1801-1805,

où il n'existait à travers les Alpes aucune route car-
rossable, si ce n'est celle du Brenner (1792) (1).

La route laisse sur la droite l'entrée du tunnel, et
remonte le cours de la Diveria ; gorge resserrée,
route creusée à la base du rocher qui la surplombe et
l'écrase. San-Marco, dernier village italien ; cinq minutes plus loin, une colonne de granit marque la fron-
tière suisse. A Gondo, premier village helvétique (2),
douaniers bienveillants ; le voyageur converse,
échange quelques politesses. Triste séjour que la montagne écrase, que la neige obstrue et étouffe la majeure partie de l'année : une forte tour carrée, fruste,
à sept étages, construite par les Stockalper de Brieg,
servit longtemps de refuge aux voyageurs surpris
par la tourmente, avant l'ouverture de la route ; de
semblables constructions s'échelonnent le long de la
voie, jusqu'à la descente sur le Valais, évoquant le
souvenir d'une époque où le passage du Simplon était
loin de constituer un voyage d'agrément. — Au sortir de Gondo, la route s'engage dans une gorge grandiose resserrée entre rochers à pic de 650 m. d'élévation ; le torrent se brise en écumant ; çà et là,

---

(1) La route du Mont Cenis suivit de près celle du Simplon, car
elle fut construite de 1802 à 1804 ; celle du Gothard le fut de
1820 à 1832.

(2) Sur ce point, comme en maint autre endroit de la chaîne des
Alpes, la limite se rencontre bien avant la ligne de partage des eaux.
Ainsi, pendant de longues années, avons-nous occupé, sur le versant
italien, Exilles et Fénestrelle au débouché du Mont Cenis, et le Mar-
quisat de Saluces ; de même encore, aujourd'hui, la Suisse est maîtresse du cours supérieur du Tessin et de certaines vallées italiennes
des Grisons ; l'Autriche l'est du Tyrol italien, du Trentin, de la
vallée de l'Isonzo, de l'Istrie et de la Dalmatie. Le fait s'explique éco-
nomiquement. La configuration des vallées septentrionales, moins
fertiles, de pente plus allongée, invitait tout naturellement l'habitant
à franchir la crête pour descendre sur l'Italie ; semblable attrait ne
s'imposait pas à l'indigène du revers des monts, installé en une région favorisée de la nature, et se heurtant d'ailleurs, pour franchir la
crête, à une muraille perpendiculaire et abrupte.

des cascades se précipitent de la ravine voisine, et viennent s'engouffrer sous le pont ; à la rive opposée se laissent voir quelques vestiges de l'ancienne voie, sente médiocre à travers les rochers. Töpffer, qui pratiquait les mêmes parages en 1837 avec sa bande joyeuse, préférait cette ancienne voie comme plus pittoresque, malgré les effrayants abîmes qu'elle surplombe ; pour nous, d'âge rassis, dédaignant les folles entreprises, nous nous contentons de suivre la belle et large route de Napoléon. Celle-ci, barrée par la roche vive, s'enfonce dans un tunnel d'obscurité profonde, 220 m. de longueur, en ressort, éclairée par l'écume frangée de la cascade voisine, et disparaît bientôt dans une nouvelle galerie : étranges oppositions de lumière et d'ombre qui se succèdent, au charme et à la satisfaction du voyageur. De place en place, au bord de la route, une masure de refuge abandonnée ou hantée par quelque misérable famille. — Telles sont les Gorges de Gondo, inscrites au rang des plus sauvages, des plus grandioses de la chaine des Alpes.

Au hameau d'Algaby, la vallée s'élargit quelque peu en un bassin moins sauvage ; les roches s'éloignent, la verdure reparaît, le site est presque riant. Au bord de la route, une modeste auberge, Hôtel-pension Weismies, présente l'inscription suivante en anglais : « A cette place, Napoléon Ier, le 17 mars « 1807, prit un verre de lait qu'il paya cinq francs. » Miette d'histoire, assurément intéressante à recueillir ; mais comment, au lendemain d'Eylau et à la veille de Friedland, l'Empereur, misérablement logé à Osterode, sur les confins extrêmes de la Prusse orientale, en face de l'ennemi, pouvait-il en même temps se trouver dans les gorges du Simplon ? Admettons une

erreur de date, dont ne s'est point souciée la fantaisie exotique d'un admirateur du grand homme. —
Au-dessus d'Algaby se continuent les pâturages ; la
route décrit un long lacet à travers les prairies ; le soleil apparaît et jette sa note gaie sur un gracieux
paysage. A la base du Fletschhorn, dont la sombre
forêt de sapins descend jusqu'à la vallée, s'étale le
gros village de Simplon, partie sur la route, partie en
contrebas, menacé par les incursions du torrent ;
une jolie église italienne dresse son campanile ; à l'intérieur, dorures, colonnes torses flanquant l'autel,
statues de saints Evêques.

Mais bientôt s'évanouit ce paysage riant. C'est l'ascension du plateau ; les pentes se ravinent et se dé-
nudent ; la neige descend des hauteurs jusqu'à af-
fleurer le chemin ; de rares et maigres sapins,
quelque mince filet d'eau coulant sur un lit de rocailles,
et plus près de nous, bordant la route, un amon-
cellement de rochers, colossale moraine du glacier
de Rossboden. Le site est aride, sauvage, plein de
tristesse, et le soleil, comme pour se mettre à l'unis-
son, se voile de nuages ; à peine, de temps à autre,
quelques misérables chalets, et les refuges le long
du chemin, rappelant le danger au touriste surpris
par les rafales de neige. A gauche, dominant un vaste
bassin désertique et navrant, se dresse une haute
maison carrée, percée de rares ouvertures, surmontée
d'un modeste campanile : c'est l'ancien hospice,
d'apparence funèbre, aujourd'hui habité par des ber-
gers. Mais quelles sont en contrebas ces silhouettes
qui s'agitent, glissant en longue file, s'activant vers
un groupe d'habitations basses ? On dirait d'un chemin de fer minuscule. En effet, nous explique le co-
cher, c'est un petit Decauville installé pour desservir

une brasserie. Ai-je bien compris ? une entreprise industrielle, une brasserie dans ce pays perdu ! A vrai dire, l'eau du glacier est à proximité, suffisamment fraîche et saine, n'étaient les microbes ; mais l'orge, mais le houblon, mais tout ce qui est nécessaire à l'alimentation d'une usine?... Je renonce à comprendre, et reporte mon attention sur le site désolé.

La montée continue, lente et monotone ; nous touchons au sommet ; végétation rare, presque nulle, quelques rhododendrons perdus dans les rocailles et les gravats. Un vent froid souffle, on sent la proximité de la neige ; de place en place, des repères pour indiquer le chemin, lorsqu'en hiver il disparaît sous une blanche couche de frimas ; les poteaux du télégraphe se dressent comme pour affirmer dans ce désert la persistance de la civilisation. — Et voilà qu'au bord de la route surgit une puissante construction, massive demeure à trois étages, à laquelle donne accès un escalier à deux rampes : c'est le nouvel Hospice du Simplon. La voiture s'arrête un instant pour déposer et recevoir le courrier ; un bureau de poste et télégraphe est en effet installé à l'hospice. Je profite de ce court délai pour escalader le haut perron, me glisser dans le monastère, grimper au premier étage : longs et vastes corridors d'aspect claustral, bordés de cellules ; quelques alpinistes, hôtes affairés, se glissent comme des ombres ; cependant un piano résonne, et des figures de vieillards se montrent à une fenêtre : de religieux point, sans doute à l'office, mais seulement les bons et énormes chiens, sauveteurs vigilants, aujourd'hui au repos, car la belle saison leur donne des loisirs.

L'Hospice du Simplon n'a pas cessé de remplir sa destination première. Fondé par Napoléon, à l'exem-

ple et sur le modèle de celui du Saint-Bernard, il
était resté inachevé faute de ressources ; Raoul Ro-
chette qui s'y arrêtait en 1820, constatait douloureu-
sement que la bàtisse ne s'élevait pas au-delà du premier étage ; le grand homme se montrait parfois ou-
blieux, il avait d'autres préoccupations majeures, et
l'on affirme que les Religieux du Saint-Bernard ne
furent jamais indemnisés des dépenses considérables
faites par eux en 1800 pour le passage de l'armée française. Peut-être fut-ce la faute des *bureaux*, car Napoléon rendait justice au zèle des bons religieux, et
leur avait offert le monopole de la charité dans les
Alpes. Ils ne l'acceptèrent pas, leurs ressources n'y
eussent pas suffi, mais en fait, depuis 1825, l'Hospice
du Simplon est, comme celui du Saint-Bernard, desservi par les Chanoines de Saint Augustin, qui en ont
achevé la construction et l'entretiennent. Le Supérieur
de l'Ordre, crossé et mitré, a le titre de *prévôt*, et
réside au Saint-Bernard ; l'hospice du Simplon est
gouverné par un *prieur;* la maison de retraite de
l'Ordre est à Martigny dans le Valais (1).

La facilité plus grande des communications, l'aménagement de la nouvelle et superbe route due à Napoléon, et surtout le percement du tunnel, ont diminué
l'importance des services rendus par l'Hospice du
Simplon ; il continue néanmoins de donner l'hospi-
talité aux voyageurs, de recevoir et de garder les in-
firmes et les vieillards, tout cela sans exiger aucune
rétribution. Ces services ne sont pas toujours recon-
nus comme ils le mériteraient ; on a calculé qu'au

---

(1) Ne pas confondre avec les Religieux de Saint-Maurice en Valais,
également de l'Ordre de Saint Augustin, mais évoluant d'une manière indépendante sous les ordres de leur abbé, évêque de Béthléem
in partibus, et desservant quelques cures dans le Valais.

Saint-Bernard, la dixième partie seulement des voyageurs verse son obole dans le tronc destiné aux offrandes. Les subventions des gouvernements voisins et les collectes faites en Suisse corrigent en une certaine mesure cette coupable indifférence (1).

Le site de l'Hospice, exactement au col du Simplon, et au faîte de partage (2.009 m.), est aride et triste : en arrière. la cime neigeuse du Fletschhorn ; sur la droite, le massif du Monte Leone que perce à sa base le tunnel de la voie ferrée. On a hâte de se dégager de cette atmosphère morose, de renaître à des sites plus verdoyants, plus ensoleillés ; un industriel intelligent l'a compris, et cinq minutes plus loin est installé un chalet tout-à-fait récent, en sapin verni, l'Hôtel Bellevue ou Simplon-Culm, où s'arrêtent désormais les voyageurs. Il n'a pas pour lui l'idée religieuse, le souvenir des services rendus et la conséc cration d'un siècle ; mais on néglige quelque peu ces éléments vénérables pour s'attacher entièrement au charme du paysage. Devant nous, dans une large échancrure de montagne, la route descend sur la vallée du Rhône ; à droite et à gauche, les croupes boisées enserrent le défilé ; à l'horizon se dresse la haute chaîne des Alpes bernoises, Aletschhorn et son gigantesque glacier, Dreieckhorn, Finsteraar· horn et autres moins connus, toutes cimes couvertes de neige ; le spectacle est splendide, et le soleil étincelant là-bas, au fond de la vallée, semble nous convier à la descente. Adieu aux cimes neigeuses de l'arrière, au Fletschhorn, au Monte Leone, et, après un

(1) L'Hospice du Gothard, créé dès l'an 1300, installé dans le site actuel au XVIIIᵉ siècle, et réédifié pour la dernière fois en 1834, est desservi par des capucins italiens, et remplit le même office que ceux du Saint-Bernard et du Simplon.

déjeûner hâtif, le courrier nous emporte en une descente rapide.

Sur tout le trajet depuis le départ, la route est superbe, étonnante et merveilleuse du côté italien pour le mérite des difficultés vaincues, non moins merveilleuse sur le versant suisse pour le charme du paysage : de ce côté au surplus, l'art de l'ingénieur a encore trouvé matière à s'exercer. Les galeries reprennent, les refuges se succèdent : voici la *galerie du Kaltwasser*, où un torrent sorti du massif du Monte Leone passe en gerbe tumultueuse au-dessus du tunnel, projetant ses gouttelettes irisées sur le touriste aventureux, et s'engloutit au fond de la ravine ; quelques pas plus loin, la *galerie d'hiver*, long tunnel de cent mètres taillé dans le roc, ouvrant sur l'abîme par une rangée d'arcades ; toute cette partie de la route est particulièrement exposée aux avalanches. Puis la nature s'adoucit, le site devient moins sauvage, l'horreur chaotique, désertique disparait pour faire place à des forêts de mélèzes; le touriste se ressaisit, et renaît au besoin d'échanger ses impressions avec ses compagnons de route. A Bérisal, jolie bourgade de changement d'air, nous retrouvons la pleine civilisation ; et la route descend en pente vertigineuse, toujours côtoyée de refuges, — il en est une dizaine ; — mais sur ce versant ensoleillé, égayé de verdure et de fleurs, on n'admet plus la possibilité du péril et de l'abandon. Et cependant les lacets sont d'étroite envergure, les ponts de solidité douteuse, les pentes abruptes, fortement ravinées, et la gorge profonde de la Saltine apparait médiocrement hospitalière. Le soleil resplendissant fait négliger tous ces dangers hypothétiques, le soleil qui là-bas, au fond de la vallée, argente le cours du Rhône, éclaire les blanches maisons de Brieg, et fait étinceler les dômes bulbeux, dorés du Palais des Stockalper. Bientôt nous atteignons les premières cultures, et les vignes, et les faubourgs de la petite cité à laquelle le percement du Simplon donne l'importance d'une grande ville. L'instant après, je remonte dans le train, riche de souvenirs, d'impressions et de regrets; je redescends à toute vapeur la magnifique vallée : voici le lac de Genève, et Clarens, et, dans un site délicieux, le repos bien gagné : mais hélas ! c'est aussi le terme du voyage.

IMPRIMERIE DE L'UNION TYPOGRAPHIQUE. — DOMOIS-DIJON